一帶一路

文化之旅

陸上明珠

劉承萱、遲雲◎著

目　錄

序 一

序 二

東北亞四國 / 002

　　俄羅斯聯邦 The Russian Federation / 002

　　蒙古國 Mongolia / 025

　　大韓民國 Republic of Korea / 034

　　日本國 Japan / 046

中亞五國 / 068

　　哈薩克共和國 The Republic of Kazakhstan / 068

　　吉爾吉斯斯坦共和國 The Kyrgyz Republic / 077

　　塔吉克斯坦共和國 The Republic of Tajikistan / 086

　　烏茲別克斯坦共和國 The Republic of Uzbekistan / 096

　　土庫曼斯坦 Turkmenistan / 105

高加索與東歐平原六國 / 115

　　阿塞拜疆共和國 The Republic of Azerbaijan / 116

　　亞美尼亞共和國 The Republic of Armenia / 125

　　格魯吉亞 Georgia / 133

　　烏克蘭 Ukraine / 139

　　白俄羅斯共和國 The Republic of Belarus / 145

　　莫爾達瓦共和國 The Republic of Moldova / 151

中東歐十六國

波蘭共和國 The Republic of Poland / 159

捷克共和國 The Czech Republic / 172

斯洛伐克共和國 The Slovak Republic / 183

匈牙利 Hungary / 195

愛沙尼亞共和國 The Republic of Estonia / 208

拉脫維亞共和國 The Republic of Latvia / 215

立陶宛共和國 The Republic of Lithuania / 221

羅馬尼亞 Romania / 227

保加利亞共和國 The Republic of Bulgaria / 236

阿爾巴尼亞共和國 The Republic of Albania / 244

塞爾維亞共和國 The Republic of Serbia / 254

黑山 Montenegro / 259

波士尼亞和黑塞哥維那 Bosnia and Herzegovina / 265

克羅地亞共和國 The Republic of Croatia / 271

斯洛文尼亞共和國 The Republic of Slovenia / 280

馬其頓共和國 The Republic of Macedonia / 286

旅行指南 / 299

俄羅斯聯邦 / 299

蒙古國 / 306

大韓民國 / 308

日本國 / 312

哈薩克共和國 / 318

吉爾吉斯斯坦共和國／３２０

塔吉克斯坦共和國／３２２

烏茲別克斯坦共和國／３２４

土庫曼斯坦／３２６

阿塞拜疆共和國／３２８

亞美尼亞共和國／３３０

格魯吉亞／３３２

烏克蘭／３３４

白俄羅斯共和國／３２６

莫爾達瓦共和國／３２８

波蘭共和國／３４０

捷克共和國／３４４

斯洛伐克共和國／３４８

匈牙利／３５０

愛沙尼亞共和國／３５３

拉脫維亞共和國／３５５

立陶宛共和國／３５７

羅馬尼亞／３６０

保加利亞共和國／３６２

阿爾巴尼亞共和國／３６４

塞爾維亞共和國／３６５

黑山／３６９

波士尼亞和黑塞哥維那／３７０

克羅地亞共和國／３７２

馬其頓共和國／３７７

世界遺產名錄／３８０

俄羅斯聯邦／３８０

蒙古國／３８１

大韓民國／３８１

日本國／３８２

哈薩克共和國／３８３

吉爾吉斯斯坦共和國／３８３

塔吉克斯坦共和國／３８４

烏茲別克斯坦共和國／３８４

土庫曼斯坦／３８４

阿塞拜疆共和國／３８５

亞美尼亞共和國／３８５

格魯吉亞／３８５

烏克蘭／３８５

白俄羅斯共和國／３８６

莫爾達瓦共和國／３８６

波蘭共和國／３８６

捷克共和國／３８７

斯洛伐克共和國／３８８

匈牙利／３８９

愛沙尼亞共和國／３８９

拉脫維亞共和國／３９０

立陶宛共和國／３９０

羅馬尼亞／３９０

保加利亞共和國／３９１

阿爾巴尼亞共和國／３９１

塞爾維亞共和國／３９１

黑山／３９２

波士尼亞和黑塞哥維那／３９２

克羅地亞共和國／３９２

斯洛文尼亞共和國／３９３

馬其頓共和國／３９３

後記

序 一

「聞道尋源使，從天此路回。牽牛去幾許？宛馬至今來。」杜甫在詩中講的「尋源使」，正是兩千多年前開闢偉大絲綢之路的張騫。

茫茫大漠，駝鈴悠悠——從長安出發，過隴山山脈，穿河西走廊，西出陽關，經中亞、西亞，最終抵達歐洲。橫穿東西、歷經千秋的絲綢之路，不僅是中國與其他各國連接的商貿通道，更是溝通東西方文明的黃金橋樑。

漫漫海疆，船帆遠颺——從東南沿海，經中南半島和南海海域，穿過印度洋，進入紅海，最終抵達東非和歐洲。兩宋時代，指南針的運用，使中國借領先的造船技術與航海技術，開始同海外諸國商貿往來。明初更有鄭和七次下西洋的壯闊之舉，堪稱「大航海時代」先驅。

回溯歷史長河，這兩條綿延起伏、波瀾壯闊的通道，正是商貿之路、文化之路和人民友好往來之路，更孕育了和平合作、開放包容、互學互鑒、互利共贏的絲綢之路精神。

斗轉星移，新中國成立以來，特別是改革開放三十多年來，中國與沿線各國經濟、文化交流日益密切，古老的絲綢之路再度迎來發展良機。

2013 年 9 月和 10 月，中國國家主席習近平在出訪中亞和東南亞期間，分別提出共同建設「絲綢之路經濟帶」和「21 世紀海上絲綢之路」（簡稱「一帶一路」）的倡議，借由古絲路歷史資源與沿線各國發展合作夥伴關係，旨在共同打造政治互信、經濟融合、文化包容的利益共同體、責任共同體和命運共同體，最終實現共同復興。

「一帶一路」的倡議，沿線幾十個國家、數十億人口，與源遠流

長的中華文明相呼應。這些國家曾創造出璀璨的人類文明：蘇美爾文明、埃及文明、巴比倫文明、亞述文明、波斯文明、印度文明，等等。彼此間的共同點是都有過輝煌的歷史，與西方價值的明顯差異，經濟發展的現實難題，以及加快現代化與民族復興的強烈願望。中國作為復興中的大國，需換位思考，透過文化傳播扮演開放、合作和共同發展的紐帶角色，在政治、經貿交往中宣導「和而不同」的理念，加速中華文明與世界文明和平復興的宏大進程。

文化是進入「一帶一路」倡議的前置性領域。中國國家主席習近平所說的「民心相通」，實際上就是透過文化交流與合作，實現各個國家相互理解、相互包容、相互借鑒、相互欣賞。因此，文化交往成為經濟交往、外交交往、貿易交往、金融交往的重要前提。

這套《「一帶一路」文化之旅》叢書，分為《陸上明珠》與《海上明珠》兩冊，正是以絲路沿線國家的多元文化作為切入點，詳實梳理了包括美術、建築、音樂、文學、電影以及當代藝術在內的各國文化發展脈絡，視角新穎，圖文並茂。同時，該叢書還記錄了沿線各國的傳統禮儀、節慶民俗、民間工藝等「非遺」傳承現狀，並提供沿線各國代表性文化景點、世界遺產名錄等具有檢索價值的資訊。

文化是一個民族的血脈和靈魂。「一帶一路」文化之旅是沿線國家不同民族之間血脈共振之「旅」，也是沿線國家不同民族之間靈魂融通之「旅」。有理由相信，這套立足「文化導覽」的叢書的問世，對於所有關註「一帶一路」倡議或是熱衷旅遊的海內外讀者而言，都將大有裨益。

序 二

　　絲綢之路是連接中國腹地與歐洲諸地的陸上商業貿易通道，形成於前2世紀與1世紀間，直至16世紀仍在使用，是一條東方與西方之間經濟、政治、文化交流的黃金道路。最初這條古道的功用之一是運輸中國出產的絲綢，德國地理學家李希霍芬在19世紀70年代將之命名為「絲綢之路」後，被世界廣泛接受。西漢中期，漢武帝派張騫出使西域形成其基本幹道。它以西漢時期長安為起點（東漢時為洛陽），經河西走廊到敦煌。從敦煌起分為南北兩路：南路經樓蘭、于闐、莎車，穿越蔥嶺到大月氏、安息，往西到達條支、大秦；北路經交河、龜茲、疏勒，穿越蔥嶺到大宛，往西經安息到達大秦。在大航海時代以前，無數中國商旅踏上絲綢之路前往被稱為「西域」的歐亞各國，還有無數外國使臣沿著絲綢之路東行。

　　海上絲綢之路從中國東南沿海，經過中南半島和馬來群島，穿過印度洋，進入紅海，抵達東非和歐洲，是中國與沿線國家貿易往來和文化交流的海上大通道。秦漢時期，從今天中國大陸南端的合浦、徐聞等港口出發，便有通往南海等地的航線。此後的歷史時段，廣州、寧波、泉州等港口先後興起。特別是宋元時期，中國造船技術和航海技術大幅提升，指南針得到廣泛運用，商船遠航能力持續提升，中國同世界多個國家有直接的「海上絲綢之路」商貿往來，這對於開啟西方的大航海時代具有不容低估的影響。即使是海禁嚴厲的明清兩代，中國仍然透過廣州一口通商，借海上絲綢之路與世界其他國家保持頻繁的商貿往來。

　　千百年來，「和平合作、開放包容、互學互鑒、互利共贏」的絲綢之路精神薪火相傳，推動了人類文明進步，促進沿線各國繁榮發展。作為東西方緊密交流合作的紐帶與象徵，絲綢之路也因此成為世

界各國共有的歷史文化遺產。

　　2013年9月和10月，中國國家主席習近平在出訪中亞和東南亞國家期間，先後提出共建「絲綢之路經濟帶」和「二十一世紀海上絲綢之路」（以下簡稱「一帶一路」）的重大倡議，得到國際社會高度關註。中國國務院總理李克強參加2013年「中國—東盟博覽會」時亦強調，鋪就面向東盟的海上絲綢之路，打造帶動腹地發展的戰略支點。

　　「一帶一路」的宏偉倡議，令古老的絲綢之路再度煥發勃勃生機：既有利於沿線各國經濟繁榮與區域經濟合作，又能促進不同文明交流互鑒與世界和平。這是一條互尊互信之路，合作共贏之路，文明互鑒之路。

　　共建「一帶一路」，理應宣導「文化先行」。文化作為看不見的精神紐帶，縱橫千裏，貫穿古今，更能在潤物無聲中釋放巨大的能量。文化交流的種子，一旦播下，即有可能成長為參天大樹，綿延成茂盛森林，為沿途各國人民帶來互信互愛的心靈福祉，從而奠定世代友好的基礎，進而實現世界範圍的長久和平。

　　今天我們共建「一帶一路」，從西太平洋到波羅的海沿岸，從中亞草原到北非沙漠，沿線國家之中，既包括印度、埃及這樣歷史悠久的文明古國，世界上最古老的國家都在這裡，古巴比倫、古埃及、古印度、中國四大文明古國對世界文明有著無與倫比的深遠影響，也包括塞爾維亞、黑山這樣建立不久的新興國家，為世界注入新鮮的文化血液。既包括哈薩克、土庫曼斯坦這樣世世代代以遊牧為生的內陸國家，無數金戈鐵馬的強大帝國改變了世界歷史的進程，也包括菲律賓、印尼這樣大興舟楫之利的海島國家，東西方的文明透過海上的風帆在這裡交匯。既包括泰國、緬甸這樣的佛教國家，也包括沙烏地阿拉伯、巴基斯坦這樣的伊斯蘭教國家，波蘭、捷克這樣的基督教國家，世界三大宗教在這裡彙集，世界最大的佛教國家和最大的伊斯蘭教國家也都在這裡。既包括善於學習其他民族長處為我所用的日本、

新加坡，也包括能夠堅守本民族傳統文化的不丹、東帝汶。因此，可以說，世界上文化最多元的國家在這裡，文化傳統最完整的國家也在這裡。

本著記錄「一帶一路」沿線各國璀璨文化的使命，為方便讀者在政治經濟與地理風貌之外，全面瞭解這些國家的人文風情與藝術成就，我們不揣謭陋，編纂了本套叢書。內容涉及「一帶一路」沿途及周邊國家，分為《陸上明珠》和《海上明珠》兩冊，可以看作是「絲綢之路經濟帶」和「二十一世紀海上絲綢之路」命題的延伸———以歷史上各國商貿、文化交流的主要通道及區域共同體來判斷，而非依內陸或沿海地理概念的區隔。《陸上明珠》一冊，包括東北亞4國、中亞5國、高加索與東歐平原6國、中東歐16國，共31國；《海上明珠》一冊，包括東南亞11國、南亞8國、西亞北非16國。上述國家加上兩條絲路的起點中國，共36國。

對於「一帶一路」沿途的每個國家，本叢書一視同仁，均以簡明的圖示介紹其地理、歷史、政治、經濟、社會發展等概況，詳細介紹各國傳統禮儀、節慶民俗、民間工藝等「非遺」文化現狀，並重點介紹各國文化藝術的歷史沿革和當代風采，涉及領域包括繪畫、雕塑、建築、音樂、文學、影視等。對於具有代表性的藝術傑作和文化巨匠，本書還選配了精美圖片以饗讀者。

文化是民族精神的核心內涵，藝術是民族精神的形象體現，「一帶一路」沿線各國人民，無不熱愛本民族的文化傳統與特色藝術，衷心希望這套叢書，能為「一帶一路」沿線各國的文化藝術交流搭建一座友誼的橋樑。

同時，本叢書不僅有助於讀者踏上一趟心靈的藝術之旅，書末還附有詳實的旅行指南，包括文化景點、簽證諮詢和交通資訊等，為讀者的未來出境行程提供貼心參閱。

限於資料來源和編者水準，編纂過程中難免有紕漏之處，故盼讀

者斧正。本套叢書只是一個開始，我們還將不懈努力，在未來繼續推出「一帶一路」沿線各國文化藝術的相關圖書，為中外文化交流事業貢獻綿薄之力！中國文化傳媒集團 董事長

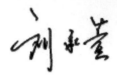

中國文化報社社長

東北亞四國

　　東北亞是我們「一帶一路」文化之旅的第一站，也是文化上內部張力最大的一個區域日本是群島國家，韓國位於朝鮮半島的南端，蒙古是典型的內陸國，俄羅斯則幅員遼闊。從亞洲大陸最東端的傑日尼奧夫角一直延伸到歐洲中部的波羅的海，東北亞雖然在地域上山海相連，差異極大的地理環境卻孕育出迥異的民族性格，不同的民族性格進而衍生出千姿百態的藝術之花。

　　俄羅斯橫跨歐亞，主體部分在歐洲。18世紀初的彼得大帝改革使俄羅斯成為歐洲強國。19世紀俄羅斯文化開始飛速發展，湧現出一批世界知名的文化巨人，如美術家列賓，音樂家柴可夫斯基，文學家普希金、托爾斯泰等。這一時期俄羅斯還興建了許多別具匠心的建築物，一躍成為世界上文化最繁榮的國家之一。蘇聯時代的影視藝術，在世界上享有重要地位，如愛森斯坦的電影理論，對電影藝術發展有著深遠影響。蒙古處於內陸，南與中國接壤，北與俄羅斯相鄰。歷史上的蒙古人作為遊牧民族，具有濃郁的草原文化特色，近代以後蒙古藝術受俄羅斯藝術影響較大。

　　日本傳統文化受古代中國影響深刻。漢唐以來，日本繪畫、建築、音樂、文學在汲取中國養分的基礎上，逐漸形成自身的鮮明特色。明治維新之後，日本藝術受歐美影響，包括當代藝術、影視動漫在內的日本文化產業非常發達，在當今世界首屈一指。而歷史上同樣受中國文化輻射的韓國，在20世紀下半葉經濟騰飛之後，其文化產業也隨之蒸蒸日上，尤其是時尚藝術和影視產業。

俄羅斯聯邦 The Russian Federation

國家概況

簡 稱：俄羅斯、俄羅斯聯邦

政 體：總統共和制

首 都：莫斯科

地理概況

位 置：亞洲北部、歐洲東部

國土面積：1709.82萬平方公里

氣 候：溫帶大陸性氣候為主

社會概況

全國人口：約14,600萬

主要民族：俄羅斯族

官方語言：俄語

主要宗教：東正教、伊斯蘭教等

經濟概況

支柱產業：軍工、石油天然氣、木材

貨　幣：俄羅斯盧布

　　俄羅斯人的祖先為東斯拉夫人羅斯部族。15世紀末至16世紀初，以莫斯科大公國為中心，逐漸形成多民族的封建國家。1721年，彼得一世（彼得大帝）改國號為俄羅斯帝國。1917年11月7日建立世界上第一個社會主義國家——俄羅斯蘇維埃聯邦社會主義共和國。1922年12月30日，俄羅斯聯邦、外高加索聯邦、烏克蘭、白俄羅斯成立蘇維埃社會主義共和國聯盟。1991年12月8日，俄羅斯聯邦、白俄羅斯、烏克蘭三個加盟共和國領導人在別洛韋日簽署《獨立國家聯合體協定》，宣佈組成「獨立國家聯合體」。12月26日，蘇聯解體，之後俄羅斯聯邦成為完全獨立的國家。1991年12月27日，中俄兩國在莫斯科簽署《會談紀要》，確認俄繼承蘇聯與中國的外交關係。1993年12月12日，國家名稱定為「俄羅斯聯邦」。2014年，中俄全面戰略協作夥伴關係進入新的發展階段。兩國元首多次會晤，對中俄全面戰略協作夥伴關係發展進行戰略引領和頂層設計。

　　俄羅斯人一般的見面禮是握手，但握手時要脫下手套。久別的親朋好友常用親吻擁抱禮，男士一般吻女士的手背。在隆重的場合，俄羅斯人用「麵包和鹽」來迎接貴賓，表示最高的敬意和最熱烈的歡

迎。應邀到俄羅斯人家做客，須先向女主人問好，再向男主人和其他人問好。男士吸煙，要先徵得女士的同意。

　　魚子醬、羅宋湯、傳統小煎餅都是非常有民族特色的。通常在俄羅斯餐桌上最常見的就是各種各樣的肉類食品，幾乎每餐都會有牛肉、羊肉、牛排、香腸等。俄羅斯人常飲用的飲料有蜂蜜、格瓦斯等。俄羅斯人愛喝酒是世界聞名的，其中最重要的酒類當屬伏特加。俄羅斯人有喝茶的習慣，主要飲用紅茶。

俄羅斯傳統服飾 Traditional Costume of Russia

　　在俄民間，已婚婦女必須戴頭巾，並以白色的為主；未婚女性則不戴頭巾，但常戴帽子。女性以裙裝為主。典型的俄羅斯民族服裝是：男子是斜襟長袖襯衣，通常在領口和下襬有繡花，穿時在襯衣外面系一根腰帶；襯衣一般是用麻紗布、白棉布做成，也有用色彩鮮豔的花布做成的；褲子稍肥，用白布或染色的花布做成。

謝肉節Maslenitsa

　　俄羅斯人特別忌諱「13」這個數字，認為它是兇險和死亡的象徵，相反，認為「7」意味著幸福和成功。俄羅斯人不喜歡黑貓，認為它不會帶來好運氣。俄羅斯人認為鏡子是神聖的物品，打碎鏡子意味著靈魂的毀滅，但是如果打碎杯、碟、盤則意味著富貴和幸福，因此在喜筵、壽筵和其他隆重的場合，會特意打碎一些碟、盤表示慶賀。

特色節日

東正教耶誕節　　1月7日

祖國保衛者日　　2月23日

春天與勞動節　　5月1日

衛國戰爭勝利日　　5月9日

國慶日　　6月12日

民族團結日　　11月4日

俄羅斯文化可分為五個階段：古代羅斯時期、莫斯科公國時期、俄羅斯帝國時期、蘇聯時期和1991年至今。古代羅斯文化發展速度很慢，而且深受上一代人的經驗和傳統影響。另外，由於當時在自然經濟的條件影響下各地之間相對孤立，缺乏經濟聯繫，文化特徵因此呈現出較強的局部性和封閉性。13世紀韃靼入侵之後，古羅斯文化的自然發展終止。在這段時間裡，俄羅斯人作為一個整體的思想出現，並由蒙古-韃靼人引入了較多的東方文化。俄羅斯帝國時期，彼得一世的行政改革、軍事改革、實業改革、教育改革、宗教改革等無一不是向西方學習，造成的結果是俄羅斯上層文化不斷向西歐文化靠攏，其下層則固守中世紀的傳統。兩種文化鴻溝極深，造成俄國文化上下層的二元性。而蘇聯在長達69年的歷史文化中，經歷了數個階段，共有15個加盟共和國，影響擴展到東歐和東亞。俄羅斯的當代文化是在完成對蘇聯時期的文化繼承的同時重建俄羅斯帝國時期的文化元素。

古代羅斯時期（9—13世紀）

　　在古老的東歐平原，諾曼人於9世紀建立起早期封建國家，史稱「基輔羅斯」。基督教傳入後，古代羅斯的建築藝術和造型藝術得到了高度發展。由於文化初創階段受到拜占庭帝國的影響，古代羅斯藝術具有與中世紀拜占庭藝術相似的特點，其中繪畫藝術主要有鑲嵌畫、濕壁畫、木板聖像畫、細密畫等。12世紀在弗拉基米爾公國領地中形成了獨具俄羅斯民族特徵的弗拉基米爾畫派。俄羅斯文學和烏克蘭、白俄羅斯文學同出一源，發軔於定東正教為國教後的10世紀與11世紀之交。12世紀末流傳於世的《伊高爾遠征記》，以史詩般雄渾生動的文筆敘述1185年諾夫哥羅德—謝維爾斯基大公伊高爾孤軍出征南方波洛夫人，兵敗被俘及最後回國的經歷，貫穿團結禦侮的思想，在內容和技巧上堪與法國的《羅蘭之歌》和德國的《尼伯龍根之歌》媲美。

三聖像/ 安德列•魯布廖夫 The Trinity / Andrei Rublev

13世紀，韃靼人入侵俄羅斯，並控制了俄羅斯的東部和南部地

區。聖像畫傳統在北部的諾夫哥羅德和普斯科夫等地繼續發展，出現了諾夫哥羅德——普斯科夫畫派。15世紀前後，莫斯科逐漸成為俄羅斯國家的中心，一度出現聖像畫創作的繁榮期。安德列•魯布廖夫是當時聖像畫藝術的傑出代表，也是俄羅斯美術史上最早成名的本聖像畫家魯布廖夫為謝爾蓋聖三一修道院繪製的教堂壁畫，取材於《聖經》中亞伯拉罕和撒拉熱情地接待上帝親自化作的三個旅行者的故事。三位天使的側影組成一幅動人的畫面，歷來被看成是和諧的象徵。時值俄羅斯飽受戰亂之苦，魯布廖夫在這裡表達了一種安寧、和諧和相互理解的思想。現收藏於俄羅斯莫斯科特列恰科夫美術博物館。

民族畫家。他在15世紀20年代畫的《三聖像》，是為謝爾蓋聖三一修道院繪製的教堂壁畫，至今仍保存在莫斯科特列恰科夫美術博物館。16世紀的繪畫成就主要體現在細密畫方面，這些作品體現了訂製作品的人對生活細節和世俗物件的要求。

14世紀至15世紀時建築和藝術達到新的繁榮時期，主要集中在諾夫哥羅德和莫斯科等城市。紅場是莫斯科市中心的著名廣場，是俄羅斯每逢重要節日時群眾集會和閱兵的地方，如今是市民及遊客休閒的場所，每年的勝利日會在此舉行閱兵活動。紅場是莫斯科歷史的見證，也是莫斯科的象徵。在紅場西側具有標誌性的建築物是克里姆林宮，它位於俄羅斯首都莫斯科的最中心，始建於12世紀的高大堅固的圍牆和鐘樓、金頂的教堂、古老的樓閣和宮殿，聳立在莫斯科河畔的博羅維茨基山崗上，構成了一組無比美麗而雄偉的藝術建築群。克里姆林宮是俄羅斯國家的象徵，是文化和藝術的寶庫，是世界上最大的建築群之一。

15世紀末至16世紀初，在莫斯科克里姆林宮建造了新的宮牆和塔樓，興建了聖母升天大教堂、報喜教堂、天使教堂、多棱宮。其中，聖母升天大教堂位於克里姆林宮中心，曾經是俄羅斯的國教大教堂，歷代沙皇都在這裡舉行加冕禮。最初由伊凡•卡利塔大公建造的聖母升天大教堂在1474年的地震中坍塌後，1479年又由義大利著名的設計師

費奧活凡特設計重建，是以當時弗拉基米爾的聖母升天大教堂為模本建設而成的。另一著名的大教堂為聖瓦西里升天大教堂，位於紅場東南部，是為慶祝當年伊凡雷帝收復喀山而建成的精美絕倫的東正教教堂，它以九個形態和顏色各異的洋蔥頭教堂頂聞名於世，堪稱克里姆林宮和紅場一帶的地標建築，現在已經成為俄羅斯國家歷史博物館的一部分。

17世紀以後，沙皇俄國加強了與歐洲國家的交往，自此俄羅斯的文化藝術開始向歐洲類型轉變，同時結束了藝術服務於宗教的單一局面。為了滿足宮廷生活對藝術品的需求，沙皇政府在莫斯科皇宮內設立了藝術創作中心，彙集了全俄各地的優秀藝人、工匠從事藝術品的規模生產，並且聘請一些外籍藝術家參與創作活動，藝術中心的成立對俄羅斯民族美術的發展和成熟造成了促進作用。17世紀，俄羅斯文

莫斯科紅場Red Square

　　紅場位於莫斯科市中心，開闢於十五 世紀末，是俄羅斯最古老的廣場之一，十七 世紀改稱「紅場」。紅場毗鄰克里姆林宮，是俄羅斯重大歷史事件的見證，也是俄羅斯重大節日舉行群眾集會、大型慶典和閱兵活動的場所。

學逐漸豐富起來，司祭長阿瓦庫姆的《行傳》和宮廷詩人西密翁·波洛茨基的創作，昭示了宗教文學的新發展。這一時期還出現了《戈列—茲洛恰斯基傳奇》《薩瓦·格魯岑傳奇》《弗羅爾·斯科別耶夫傳奇》《謝米亞克法庭的故事》《棘鱸的故事》等反映社會生活、具有民主傾向的世俗傳奇故事作品。

冬宮 Winter Palace

冬宮坐落在聖彼德堡宮殿廣場上，原為俄羅斯帝國沙皇的皇宮，後闢為聖彼德堡國立艾爾米塔什博物館的一部分，是18世紀中葉俄羅斯新古典主義建築的典範。艾爾米塔什博物館與倫敦的大英博物館、巴黎的羅浮宮、紐約的大都會藝術博物館並稱世界四大博物館。

俄羅斯帝國時期（18—20世紀）

　　18世紀初，彼得一世在北方建立新城市聖彼德堡並以此作為帝國的首都，隨著城市的建設產生了「夏宮」和「冬宮」。從外觀上看，它們基本屬於法國凡爾賽宮一類的西歐宮殿建築的翻版。夏宮坐落於芬蘭灣南岸靜謐的森林中，是由彼得大帝下令並親自督造的，因而又被稱為彼得宮。因其豪華壯麗的建築風格，夏宮也被譽為「俄羅斯的凡爾賽宮」。夏宮是聖彼德堡的早期建築，18世紀初的許多大型舞會、宮廷慶典等活動都在這裡舉行，彼得大帝生前每年夏季必來此渡假。

聖彼德堡滴血大教堂Church of the Saviour on Spilled Blood

聖彼德堡滴血大教堂是沙皇亞歷山大三世為紀念其父——被刺的亞歷山大二世所建，始建於1883年，1907年完工。五光十色的洋蔥頭頂、精緻華麗的內外裝飾，體現了俄羅斯東正教的建築風格。

宮由法式的上花園、200多個噴泉的下花園以及園林內眾多設計巧妙的噴泉組成，大宮殿在上花園，裝飾極其華麗。與夏宮相對應的另一著名建築名為冬宮，冬宮現為艾爾米塔什博物館的一部分，這裡曾是葉卡捷琳娜二世的私人博物館，現在是與倫敦的大英博物館、巴黎的羅浮宮、紐約的大都會藝術博物館齊名的世界四大博物館之一。艾爾米塔什博物館擁有300多萬件藏品，均為來自本國及世界各國的藝術品，內有400多個展廳和陳列室，其中古希臘的瓶繪藝術、古羅馬的雕刻藝術和西歐藝術三部分藏品在世界收藏界享譽盛名。其他著名的建築有葉卡捷琳娜宮，又稱凱薩琳宮，位於聖彼德堡以南約25公里處，是為彼得一世的第二任妻子、皇后葉卡捷琳娜•阿列克謝耶夫娜而建的夏日別墅。

19世紀後期，十分著名的建築還有滴血大教堂，位於格里博耶多夫運河旁，與米哈伊洛夫斯基花園和俄羅斯博物館毗鄰，是聖彼德堡少有的純正俄羅斯建築。1881年，沙皇亞歷山大二世被「人民的意誌」成員殺害。1883年至1907年，滴血大教堂便修建於沙皇亞歷山大二世遇難地點，並因此得名。滴血大教堂的設計借鑒了聖瓦西里升天大教堂的風格，五光十色的「洋蔥頭」頂建築十分奪目，禮拜堂最高處高達81公尺，氣勢頗為雄偉。滴血大教堂內部由七千多平方公尺的精緻馬賽克裝飾，主要描繪了聖經中的故事場景和人物。在聖彼德堡，除了上述建築群，另外非常值得一去的便是涅瓦大街。它是聖彼德堡的主街道，建於1710年，全長約4.5公里，從涅瓦河畔的海軍總部一直延伸到亞歷山大•涅夫斯基修道院，是聖彼德堡最古老的街道之一。涅瓦大街大致可分為兩部分，以莫斯科車站前的起義廣場為界，西側就是人們通常所說的涅夫斯基大街，東側至亞歷山大•涅夫斯基大修道院的涅夫斯基大街，則往往被稱為舊涅夫斯基大街。1776年涅瓦

大街被發展成商業大街以後，街邊建造了許多豪華的建築，規劃整齊劃一，涅瓦大街因此也有「世界最美街道之一」的美稱。

　　在繪畫創作領域，油畫材料的肖像畫開始流行，處於早期階段的肖像畫創作往往偏重對人物姿勢、服飾等外在因素的描繪，因而顯得華麗有餘而生動不足，這樣的畫作日後被喻為「盛裝肖像」。尼基京是俄羅斯民族肖像題材的奠基人，彼得一世派他去義大利研習繪畫，回國後他宣導了俄羅斯的現實主義學派。《哥薩克首領──蓋特曼》是他的代表作之一，他的創作建立了俄羅斯肖像畫的初步原則──表達人們不可重複的、有個性的外在面貌。尼基京的知名作品還包括《彼得一世像》《戈洛甫金像》等。18世紀下半葉誕生了與所謂「盛裝肖像」有所不同的「內心肖像」。費奧多爾•斯捷潘諾維奇•羅科托夫的創作標誌著俄羅斯肖像畫達到新境界，他的《詩人瑪依柯夫》《著玫瑰色服裝的無名女郎像》等作品都能滿足人們精神交流的要求。18世紀後期，隨著資本主義的萌芽以及個性的漸受尊重，

葉卡捷琳娜二世像（局部） 費奧多爾•斯捷潘諾維奇•羅科托夫
Catherine II (local) / Fyodor Stepanovich Rokotov

羅科托夫（1735—1808）是18世紀末期的俄羅斯肖像畫大師。
《葉卡捷琳娜二世像》代表了他在正式畫領域的最高成就。正式畫中
罕見的側姿坐像、女皇威嚴而優美的手勢，簡練的背景，恰如其分地
烘托出卓越女統治者理想化的帝王霸氣。

彼得‧伊裡奇‧柴可夫斯基 Peter Lynch Tchaikovsky 1840—1893

19 世紀俄羅斯的音樂大師，代表作有第四、第五、第六（悲愴）
交響曲，歌劇《葉甫根尼‧奧涅金》《黑桃皇后》，舞劇《天鵝湖》
《睡美人》《胡桃夾子》，以及第一鋼琴協奏曲等器樂作品。

列夫‧尼古拉耶維奇‧托爾斯泰 Lev Nikolayevich Tolstoy 1828—
1910

19 世紀中期俄羅斯批判現實主義的代表性作家，代表作有長篇小
說《戰爭與和平》《安娜‧卡列尼娜》《復活》等，他是公認的世界文

學巨匠。高爾基曾言：「不認識托爾斯泰者，不可能認識俄羅斯。」

　　肖像畫備受重視，出現了忠實地描繪人的個性特點的畫家。18世紀末葉，在英、德、法等國文學的影響下，感傷主義在俄國興起，反映了1773年至1775年普加喬夫起義後貴族們的憂傷情緒。

　　在18世紀以前，俄羅斯的音樂主要是宗教音樂，18世紀以後，非宗教音樂開始繁榮，至19世紀中期俄羅斯古典主義音樂確立地位，出現了格林卡、魯賓斯坦等大音樂家，以及以巴拉基列夫為首的「新俄羅斯樂派」。19世紀後期的柴可夫斯基尤為出色，他最著名的作品《悲愴交響曲》、歌劇《葉甫根尼•奧涅金》《黑桃皇后》、舞劇《天鵝湖》《睡美人》等，至今長演不衰。

　　19世紀以後，俄羅斯文學進入空前繁榮的階段，湧現出普希金、萊蒙托夫、果戈裡、陀斯妥耶夫斯基、托爾斯泰、契訶夫等世界馳名的大作家，在世界文壇贏得了無可替代的位置。

　　19世紀初，古典主義開始讓位於浪漫主義，而浪漫主義又遇到現實主義學派日益強勁的衝擊。40年代以後，藝術家逐漸摒棄宗教神話題材的虛構形式，而去揭露他們所處社會的時弊，批判現實主義便是在這種社會條件下產生的。具有代表性的藝術家為費多托夫，其代表作品有《少校求婚》《貴族的早餐》《小寡婦》等。

　　19世紀下半葉，俄國美術在革命民主主義進步思潮的影響下，形成了強大的、進步的藝術潮流，如巡迴展覽畫派的創立，以及莫斯科繪畫雕塑建築學校對人才的

伏爾加河上的縴夫伊里亞•葉菲莫維奇•列賓 Volga River trackers / IlyaYefimovich Repin

　　《伏爾加河上的縴夫》是列賓的代表作，也是批判現實主義繪畫傑出的代表作之一。該作品創作於19世紀80年代初，畫面展示了烈日酷暑下，在漫長荒蕪的沙灘上，一群衣衫襤褸的縴夫拖著貨船，步履沉重地前進著。該畫現收藏於聖彼德堡俄羅斯國立美術館。

　　培養等。19世紀60年代民主主義美術的傑出代表是佩羅夫，他以批判現實主義的創作方法描繪了俄國廢除農奴制後的社會面貌，其代表作有《送葬》《三套車》等。同時，他也是巡迴展覽畫派的主要成員之一。巡迴展覽畫派是1870年至1923年由俄國現實主義畫家組成的集體，成立於彼得堡，在俄國各地舉辦了近50次巡迴展覽。畫家們站在民主主義的立場上，反映人民生活、歷史事件和俄羅斯美麗的大自然。列賓、蘇里科夫、瓦斯涅佐夫、謝洛夫成為巡迴展覽畫派的中堅力量。在雕塑方面，最值得一提的是安托科爾斯基，作為具有現實主義傾向的雕刻家之一，其作品《伊凡雷帝》是在彼得堡美術學院的畢業創作，作品探求了歷史的真實性以及伊凡雷帝的內在心理，成為民

族藝術的傑作。

伊里亞•葉菲莫維奇•列賓 Ilya Yefimovich Repin 1844—1930

　　列賓，是俄國著名畫家，巡迴展覽畫派的重要代表人物。創作了大量的歷史畫、風俗畫和肖像畫，表現了人民的貧窮苦難及對美好生活的渴望。代表作品有《伏爾加河上的縴夫》《宣傳者被捕》《意外歸來》《查波羅什人回信土耳其蘇丹》《托爾斯泰》等。

春汛/伊薩克•伊裡奇•列維坦 Spring High Water / Isaak Iliich levitan

　　列維坦（1860—1900）是俄國傑出的寫生畫家，現實主義風景畫大師，巡迴展覽畫派的成員之一。列維坦的作品極富詩意，深刻而真

實地表現了俄羅斯大自然的特點與多方面的優美。

謝爾蓋•米哈伊洛維奇•愛森斯坦 Sergei Mikhailovich Eisenstein
1898—1948

　　愛森斯坦於20世紀20年代進入電影界，他關於蒙太奇的理論，對世界電影發展產生了深遠影響。他執導的《波坦金戰艦》是無聲電影時代的一部傑作，在電影史上具有里程碑式的意義。

　　這一時期風景題材發展迅速，並出現「情緒風景」作品。「情緒風景」的核心是使大自然人格化，透過自然狀態表達人類的感情世界。列維坦就是情緒風景畫家之一，他的《伏爾加河上的清風》《金色的秋天》等作品表達出畫家特有的感受。在19世紀和20世紀之交，俄羅斯的畫家和評論家們一直思考著風格的問題，從而在1893年成立《藝術世界》創作聯盟組織，創辦《藝術世界》雜誌，力圖爭取藝術中唯美的成分，將藝術從「功利主義」的作用下解脫出來。它推崇具有國際風格的藝術，如巴羅克藝術之類，巡迴畫派和學院派美術則成為其對立的畫派。另外，現代派藝術潮流也在此時興起，並逐漸表現得更加激進和反傳統。隨後，法國的象徵主義、後印象主義，英國、奧地利的「新藝術運動」被大量引入俄羅斯，同時又有更多的俄羅斯藝術家赴西歐學習野獸主義、立體主義、未來主義等藝術主張。

　　與18世紀效仿西歐藝術的情況不同，俄羅斯的現代派藝術在俄羅斯傳統民間藝術和宗教藝術資源基礎上，呈現出獨立發展的面貌，在

某些領域甚至走到同時期世界藝術潮流的前列——他們最早開始探索和實踐抽象主義藝術，產生了康定斯基、馬列維奇等眾多享有國際聲譽的藝術家。

蘇聯時期（1922—1991年）

蘇聯時期，俄羅斯文學成為多民族文學的一部分，高爾基、肖洛霍夫、帕爾捷斯納克等大作家捍衛著蘇聯文學的榮譽。

第一幅水彩抽象畫 / 瓦西里• 康定斯基 First abstract watercolor / Wassily Kandinsky

康定斯基（1866—1944）是現代抽象藝術從理論到實踐的奠基人。1910年他創作的這幅作品，成為世界上第一幅架上抽象畫。

值得一提的是蘇聯時期的俄羅斯電影藝術取得長足發展，出現了愛森斯坦等電影大師和大量經典作品，《波坦金戰艦》《士兵之歌》《莫斯科不相信眼淚》《這裡的黎明靜悄悄》等均在世界影壇有重要影響。

1991年至今

　　當代俄羅斯的文學走在接續俄羅斯帝國時期文學傳統的路上，不時有佳作帶給世人驚喜。近年來，俄羅斯電影也不乏佳作。當代俄羅斯重要的藝術活動有莫斯科雙年展，展會由俄羅斯文化部、俄羅斯文藝通訊社、俄羅斯電影製作局、俄羅斯國家展覽展示中心與莫斯科雙年展藝術基金會共同舉辦。由中國和俄羅斯共同主辦的中俄文化論壇、中國—俄羅斯博覽會，已經舉辦多屆，成為俄羅斯進行文化思想交流與展示本國文化的重要平臺。近幾十年來，俄羅斯繪畫在形式和藝術風格上都有一定的發展和創新，領域更寬廣，繪畫語言更豐富。另外，2015年12月，由中國文化傳媒集團主辦，《藝術市場》雜誌社股份有限公司策劃、組織實施的「視覺中國•洲際行」中國水墨藝術大展在俄羅斯莫斯科中國文化中心舉辦，成為中俄藝術交流的重要活動之一。

Russia

　　The development of Russian culture can be divided into five phases: the ancient Rus' culture, Muscovy culture, Russian culture, Soviet Union culture, and contemporary culture. Due to the limitations and closeness of its natural and economic conditions, the development of ancient Russian culture was relatively slow. In the 13thcentury, the Mongol Tatars invaded the country, leading to the formation of Muscovy culture. Thereafter, Russia entered the era of the Russian Empire, symbolizing the beginning of Russian culture. During the Soviet Union era, its historical and cultural influence spread to Slavic countries in Eastern Europe as well as countries in East Asia. Modern and contemporary Russian culture covers an even wider range of fields.

　　In the early 9

th century AD, the Normans established an early feudal state known as Kievan Rus'. This state's early national culture was greatly influenced by the Byzantine Empire; its graphic art was mainly mosaics, frescoes, icon paintings, and miniatures. The 12th century witnessed the development of the Vladimir school of painting, which was infused with unique features of the Russian nation. In the 13th century, the tradition of icon painting continued to develop and led to the emergence of the Novgorod-Pskov school of painting. The 15th century marked a boom in icon painting. Andrei Rublev is the most renowned painter of this genre, and his work includes Trinity. In the 16th century, miniatures entered a new phase, with an emphasis on the depiction of secular life.

The urbanization of the early 18th century brought the construction of the grand and ornate Winter Palace and Summer Palace – two pieces of architecture that reflected the cultural tastes of 18th century Russian society. Oil portrait painting gained popularity soon after. Ivan Nikitin is known as the founder of Russian portrait painting, one of his wellknown masterpieces being Hetman. The early 19th century marked the emergence of the painting style of critical realism, represented by Pavel Fedotov and his works, such as Major's Marriage Proposal and Breakfast of an Aristocrat. Vasily Perov was a prominent democratic.

artist in the mid-19th century. The Peredvizhniki (Society for Travelling Art Exhibitions) emerged afterwards, and Ilya Repin, Vasily Surikov, Viktor Vasnetsov, and Valentin Serov formed the backbone of this school. The modernist schools of art in Russia were nourished by both the modernist art of Western Europe and

their own national culture. In some aspects, Russia has become
the forefront of art trends worldwide and has created a number
of artists, such as Wassily Kandinsky and Kazimir Malevich, both
of whom were artists with international reputations.

蒙古國 Mongolia

國家概況

簡 稱：蒙古

政 體：議會制

首 都：烏蘭巴托

地理概況

位 置：亞洲中部

國土面積：156.65萬平方公里

氣 候：大陸性氣候

社會概況

全國人口：約312萬

主要民族：喀爾喀蒙古族

官方語言：喀爾喀蒙古語

主要宗教：藏傳佛教

經濟概況

支柱產業：畜牧業、採礦業

貨 幣：圖格里克

　　在崛起之前，蒙古大地曾被匈奴、鮮卑、柔然、突厥等遊牧民族統治。13世紀初，成吉思汗統一蒙古諸部後，逐漸融合為一個新的民族共同體。1271年，忽必烈建立了元朝，明清時期蒙古族勢力減弱。1733年，漠北蒙古（今蒙古國）由烏里雅蘇臺將軍管轄，為省級行政區。1911年12月，蒙古王公在沙俄支持下宣佈「自治」。1924年11月26日廢除君主立憲，成立蒙古人民共和國。1945年2月，蘇、美、英三國首腦簽訂雅爾達協定，規定「外蒙古的現狀須予維持」，並以此作為蘇聯參加對日作戰的條件之一。1946年1月5日，當時的中國政府承認外蒙古獨立。1992年2月改國名為「蒙古國」。中國和蒙古於1949年10月16日建交，1960年，雙方簽訂《中蒙友好互助條約》。

1997年，中國政府文化代表團訪蒙，這是中蒙建交以來中國文化部長對蒙進行的首次訪問。2014年8月，「中國文化周」在蒙舉辦，雙方還簽署了《中蒙2014—2017年文化交流執行計畫》。

蒙古國在社交場合與賓客相見時，一般施握手禮。獻哈達要屬蒙古民族最正統的禮節方式，哈達不同於中國一些民族的白色哈達，而是由絲綢製成的天藍色哈達。與客人正式會面或共同進餐要衣著整潔，男士應著西裝打領帶，女士應化妝並佩戴首飾。送客人離開時，主人不必出門。向別人遞交東西要用右手，以示尊敬。

蒙古國飲食文化受俄羅斯的影響，菜品多西化。進餐廳前需在門前脫去外套以示禮貌，用餐中不得大聲喧嘩，男士需為女士拉椅子，請女士先行入席。蒙古國居民飲食習慣特點突出，以奶和肉類食品為主，馬奶酒、手扒肉、烤羊肉和茶是他們日常生活中最喜歡的飲料食品和待客佳餚，經常食用的蔬菜品種包括馬鈴薯、白菜、圓蔥、蘿蔔等。

獻哈達 Present a Hada

蒙古傳統服飾為蒙古袍，具有濃郁的草原風格，主要包括長袍、腰帶、靴子、首飾等，衣領、衣襟、袖口皆有豔色的鑲邊。

　　蒙古人忌諱別人觸摸自己的頭部和帽子。進蒙古包不能踩門檻，不能在門檻垂腿而坐，不能擋在門上，這是蒙古包的三忌。蒙古人最尊重竈火，把它看得比什麼都珍貴。來家做客的人，別說踩進竈火的木框裡，就是木框本身也不能踩。蒙古人認為水是純潔的神靈，忌諱在河流中洗手或沐浴，更不許洗女人的髒衣物，或者將不乾淨的東西投入河中。

那達慕大會上的摔跤手 Wrestlers of the Nadam Congress

特色節日

白月節　　藏曆初一、初二國慶日—那達慕　7月11日

額爾德尼昭寺 The Erdene Zuu Monastery

　　額爾德尼昭寺是世界文化遺產鄂爾渾峽谷文化景觀的一部分，蒙古現存的最古老的藏傳佛教格魯派寺院，位於哈拉和林附近，由阿巴岱汗建於1586年，17世紀80年代被毀，後來兩次重建，建築材料取自哈拉和林遺址，周圍建有108座白色佛塔，蔚為壯觀。

　　蒙古國的文化特徵鮮明，自蒙古族形成伊始至成吉思汗統一蒙古之前可稱為民族起源時期，以草原文化為主體。至蒙古帝國時期，疆土一度擴大，融合多民族文化，其中包括西亞、北亞以及東歐國家的文化。至忽必烈建立元朝之後，漢人文化也逐漸滲透到蒙古文化當中。明清時期，蒙古族的勢力逐漸衰弱。20世紀初，蒙古國獨立，文化方面西方化，尤其是受蘇聯的影響最大。

最早的古代蒙古繪畫藝術是遊牧人的巖畫，大多是民間畫家所為，反映了當時人們的生產、勞動的形象。蒙古帝國首都哈拉和林遺址，是13世紀蒙古帝國的首都遺址。哈拉和林是蒙古帝國最鼎盛時期的政治、經濟、文化中心，是歷史上的繁華重鎮。

　　蒙古音樂可以分為民間音樂、古典音樂、宗教與祭祀音樂三大類，具有鮮明的民族風格：旋律優美、氣息寬闊、感情深沈、草原氣息濃厚。蒙古族音樂以與遊牧

喀爾喀婦女/J.B. 沙克爾福德Khalkha Women / J.B. Shackelford

《喀爾喀婦女》是完成於20世紀初期的攝影作品，記錄了蒙古包前兩位元身著民族盛裝的已婚喀爾喀婦女。喀爾喀人，是蒙古國人口最多的一個民族，曾廣泛信仰薩滿教，17世紀起，流行藏傳佛教。該作品版權屬於美國國家地理學會（NGS）。

生活相聯繫的民歌和說唱為主，有傳統的古老聖歌、讚歌、宴歌以及許多反映牧民生活的歌曲。

蒙古文學是草原傳統文化的形象而具體的體現。從成吉思汗統一蒙古各部落到元朝建立前後，蒙古族的政治經濟得到空前發展，同中原的漢族、各少數民族以至歐亞各國加強了經濟文化聯繫，因此，具有民族特色的文化傳統大大發揚，形成了民族文藝史上的一個鼎盛時期。史傳文學名著《蒙古秘史》，優秀民間敘事詩《成吉思汗的兩匹駿馬》《孤兒傳》，抒情歌謠《母子歌》《阿萊欽柏之歌》等的出現，標誌著作家文學的興起和各類民間文學的持續繁榮。從元末以至整個明代，蒙古封建主從歐亞和中原廣大地區相繼退回大漠南北，各民族間的經濟文化聯繫大為削弱。傳記式長篇英雄史詩《格斯爾傳》是經過長期口頭流傳而形成書面作品，這部優秀作品脫胎於藏族史詩《格薩爾王傳》，但在蒙古地區世代流傳，成為一部富有蒙古民族特色的獨立之作。

蒙古國自20世紀90年代經歷重大社會變化後，藝術在題材及媒介的運用上得到前所未有的自由發展，從蘇聯統治時期的社會主義宣傳風格，改變為重新面對蒙古草原傳統價值的表現，以及更廣泛地以藝術創作作為傾註個人情感的工具。近年來，蒙古與中國的文化藝術交流活動成為文化發展的一大亮點，重要的如2015年的中蒙文化交流活動周， 10月22日至27日在呼和浩特舉行，包括開幕式晚會、「歌聲帶路•唱響友誼」——中蒙歌會、國際蒙古舞蹈藝術展演等活動，是近年來中蒙兩國間參與範圍最廣、活動層次最高、演出人數最多、影響力

最大的藝術活動。2016年的中蒙國際文化藝術交流活動5月31日在額濟納旗舉辦，此次活動以「互賞、互通、互助」為主題，以「深化文化藝術交流、推動地區交流合作」為主旋律，活躍了雙方的文化藝術交流。

Mongolia

Before unification by Genghis Khan, Mongolian culture was in its nascent stages, and its art mainly reflected grassland culture. With the founding of the Mongol Empire, the country's territory was expanded, and a variety of cultures became integrated alongside its own. Then, after Kublai Khan established the Yuan Dynasty, Chinese Han culture gradually penetrated Mongolian culture. However, the power of the Mongolians began to weaken during the Ming and Qing Dynasties. When Mongolia declared independence from China in the early 20thcentury, its culture began to westernize, with Russian culture being the greatest influence.

The earliest paintings of ancient Mongolia were the cave paintings by nomads, most of which were works done by folk artists to illustrate social production and labor. Entering the 13th century, Karakorum (or Har Horin), the capital of the Mongol Empire， became a bustling city. From the unification of Mongolia by Genghis Khan to the establishment of the Yuan Dynasty, Mongolian politics and economy enjoyed unprecedented development; economic and cultural collaboration with Han Chinese in Zhongyuan (the Central Plain) was reinforced, resulting in the rise of literature and the flourishing of folk literature. The famous historical biography The Secret History of the Mongols was written during this period.

From the end of the Yuan Dynasty throughout the entire Ming Dynasty, Mongolians retreated to the Gobi Desert region, and economic and cultural connections among the nations greatly weakened. The Epic of King Gesar, a lengthy epic poem, is regarded as an independent piece of work with rich Mongolian characteristics. Since the major social changes that occurred in Mongolia in the 1990s, the subjects and media of the arts have experienced unparalleled freedom of development.

大韓民國 Republic of Korea

國家概況

簡 稱：韓國

政 體：總統制共和制

首 都：首爾

地理概況

位 置：亞洲大陸東北部朝鮮半島南半部

國土面積：10萬平方公里

氣 候：溫帶季風氣候

社會概況

全國人口：約5,100萬

主要民族：朝鮮族

官方語言：韓國語

主要宗教：基督教、佛教等

經濟概況

支柱產業：鋼鐵、汽車、造船、電子、紡織等

貨 幣：韓元

　　4世紀以後，新羅、高句麗、百濟先後誕生，是朝鮮半島最早出現的三個獨立國家。7世紀時，新羅統一朝鮮半島大同江以南地區，稱為統一新羅，是朝鮮半島歷史上第一個統一民族國家。918年高麗王朝建立，並於936年統一整個半島。元朝建立後，高麗成為元朝的內屬國，後被改為元朝的一個行者。1392年，李成桂建立朝鮮王朝，李氏朝鮮

繼續長期屬於中國各王朝的附屬國。1895年，朝鮮政府宣佈終止與清朝的宗藩關係。1910年至1945年，朝鮮半島淪為日本殖民地。1948年8月15日半島南半部建立大韓民國。中國和韓國1992年8月24日建交。2004年底世界上第一個中國孔子學院和亞洲第一個中國文化中心在韓國首都首爾落成掛牌。

受儒家文化的影響，尊敬長者、孝順父母、尊重老師是韓國全社會的風俗，重視地位、輩分、老幼、男女之別。對地位高、輩分高的年長者和男性都要表示尊重，說話要用尊稱，見面要先問候，同行時要讓路。對師長和有身份的人遞交物品時要用雙手，並躬身行禮。韓國人喜歡相互斟酒，不能自斟，年輕人要主動為長者斟酒。

韓國飲食文化中最基本的主角是大米。以米飯為主食，輔以肉類、魚類、蔬菜類小菜，保持營養的均衡，是韓國料理的主要特徵。除此以外，大量使用蒜、生薑等香辛料也是韓國料理的一大特徵。在韓國，醬油和大醬被作為基本的調料廣泛使用。在韓國用餐時，一般使用不銹鋼製的筷子和湯匙。筷子、湯匙擺放的方法比較有講究，應該一起縱向擺放在飯菜的右側，而且，筷子擺在右側、湯匙擺在左側是正確的擺法。

韓國傳統服飾 Traditional Costume of Korea

韓服是韓國的傳統服裝。女式韓服的短上衣和長裙上薄下厚，端莊嫻雅；男性以褲子、短上衣、背心、馬甲顯出獨特的品位。白色為基本色， 根據季節、 身份，材料和色彩都不同。韓服的色彩、紋路、裝飾等比較隨意，多使用兩種以上顏色， 花紋、衣邊裝飾等也增添了韓服的美感。

　　韓國是個禮儀很多的國家，老幼尊卑有序，晚輩一般不在上級、長輩面前抽煙，不向其借火或接火。在傳統韓餐廳用餐時，需要在地炕上席地盤腿用餐，盤腿時，絕對不能把雙腿伸直或叉開，否則會被認為是不懂禮貌或侮辱人。

韓國新年Korean New Year

特色節日

　　春 節　　　農曆正月初一獨立紀念日　3月1日光復節　 8月15日中秋節　　　農曆八月十五開天節　10月3日

　　韓國文化可分為五個階段：三國時期、統一新羅時期、高麗王朝時期、朝鮮王朝時期和20世紀至今。韓國古代美術多以墓室壁畫為

主。新羅戰爭後，新羅複為唐朝附屬國。元朝成立後，高句麗先是內屬國，後成為元朝的一個行省，中國古代的美術對韓國傳統藝術影響甚大。明代中國各大畫派，尤其是浙派對韓國傳統藝術造成了不可估量的影響。20世紀以來，韓國美術一直在民族解放運動中，取得了較好的發展。韓國現代社會文化由朝鮮民族傳統文化與現代社會流行文化相結合衍生而來。韓國文化在亞洲和世界的流行被稱為「韓流」。

三國時期（前1世紀—7世紀）

高句麗時期的韓國美術以墓室壁畫為主。

韓國傳統音樂大體上可以分成兩大類，一類叫「正樂」，一類叫「俗樂」，前者是統治階級的音樂，後者是平民的音樂。三國時代，韓國已製造出高句麗的玄琴、伽倻琴等古典樂器。韓國傳統音樂雖然受到中國音樂的巨大影響，但仍然具有自身特色。這一時期的韓國文學多為文字記錄的口頭歌謠。

統一新羅時期（7世紀中期—10世紀初）

670年至676年唐朝新羅戰爭後，新羅佔領百濟故地和原高句麗部分領土。新羅統一朝鮮半島大同江以南地區，定都慶州，效仿唐朝的國家制度進行統治。新羅中期歷史的主要特點是君主權威的壯大。統一後的新羅開始進行官僚制度的改革，之後新羅進入鼎盛時期，農業、商業、手工業、藝術、教育、宗教等都得到蓬勃發展，同中國、日本等國家的貿易、文化往來十分密切，受中、日影響深厚。

統一後新羅的音樂和文學受唐朝影響很深，新羅有「唐樂」和「高麗樂」之分，「唐樂」就是韓國化的中國音樂。很多新羅人士到唐朝學習，像崔致遠留學大唐，其作品集《桂苑筆耕集》二十捲，堪稱新羅文學的傑出代表。

高麗大藏經Tripitaka Koreana

　　海印寺位於韓國廣尚南道伽倻山，寺內藏有高麗八萬大藏經，是13世紀高麗王朝用16年時間雕刻成的世界上最重要和最全面的大藏經之一。高麗大藏經含括北宋、契丹和高麗的大藏經版本，對瞭解古代中國和契丹大藏經具有很高的歷史價值。

　　高麗王朝時期（10世紀初—14世紀末）

　　王氏高麗(918—1392)，由王建所建，都城為開京(今朝鮮開城)。佛教是王氏高麗的國教，高麗大藏經是13世紀高麗高宗時期用16年的時間雕刻成的世界上最重要和最全面的大藏經之一，內容全面，做工精美。高麗青瓷是朝鮮半島歷史上製作最為精美的瓷器之一，高麗青瓷香爐、酒器、花瓶等做工精緻、典雅，為青瓷中的精品。由於高麗後來臣服於元朝，因此，高麗王朝時期的美術受到了中國元朝美術的影響。高麗時代，代表統治階層審美的雅樂和平民的鄉樂都比較活躍，兩者在一起構成了韓國傳統音樂的高麗時代。這一時期，韓國文

學開始繁榮起來，出現了

高麗青瓷罐Goryeo Ware

　　朝鮮民族自古以飛鳥為民族圖騰，在道教文化影響下，他們把「鶴」視為天界與神仙相依的飛鳥而稱作「仙鶴」。該青瓷罐高29.2公分，製作於13世紀至14世紀早期，圖案即為靈鶴和祥雲。現收藏於美國紐約大都會藝術博物館。

白磁扁瓶 White Flat Ware

扁瓶高21.7公分，製作於15世紀。白釉施底，嵌黑色牡丹和蔓藤花紋。此類白瓷源自中國陶瓷傳統工藝，又融合了鑲嵌技法，在朝鮮王朝時期，比青花瓷器出現更早。現收藏於三星美術館（Leeum）。

大量的高麗歌謠，以及《三國遺事》等寫歷史的作品和「稗說」這樣的筆記體文學作品。

朝鮮王朝時期（14世紀末—19世紀初末）

朝鮮的繪畫藝術非常興盛。15世紀，中國浙派流入韓國，16世紀出現大規模追隨者。中國17世紀流行的南宗畫風對韓國畫發展有重要意義，同時，浙派畫風在金明國達到頂峰後開始衰退。18世紀真景山水盛行，發展到鄭遂榮，不拘於實景的真景山水，而發展到了文人山

水階段，到19世紀末期成為主流畫風。朝鮮末期金正喜取代真景山水成為主流。此外，在著名的高麗青瓷的基礎上，李朝時期還開發出獨具特色的朝鮮白瓷。李朝在螺鈿、漆器、金屬、玉石、竹工、木工、牙角、刺繡、砂器等工藝方面也留下了很多獨具特色的寶貴遺產。

朝鮮時代，音樂形式初、中期以宮中音樂，後期則以民俗音樂為代表；朝鮮後期，享有音樂的階層擴大，音樂形式更加多樣化。1444年朝鮮文字的創製，為韓國文學

檀園風俗圖帖/金弘道 Genre paintings/ Kim Hong - do

金弘道（1745—1806），字士能，號檀園。其畫作多表現民眾勞動景象或愛情生活。《檀園風俗圖帖》是金弘道風俗畫的代表作品。

現藏於韓國國立中央博物館。

　　的發展增添了動力。韓國語的詩歌逐漸成為詩壇主流，文學家的筆觸也向社會下層移動，小說成為後來居上的文學體裁。到了18世紀，《春香傳》等名著定型，韓國小說開始擺脫中世紀小說的框架。

藍佛 / 白南準 Blue Buddha /NamJune Paik

　　白南準(1932—2006)，被稱為視頻藝術之父，是一位世界級的現代藝術大師。《藍佛》以電視機和霓虹燈構築成佛像，電視機、霓虹燈象徵高速發展的消費時代，佛像則意味對精神世界的追求，二者之間的張力發人深省。

　　20世紀至今

　　韓國的藝術史家和藝術評論家們似乎普遍認為「朝鮮戰爭」是韓國藝術史當前時代開始的標誌。由於韓國的地理位置、文化與社會環境的原因，歐洲或美國出現的新的藝術運動和浪潮需要經過相當長的

時間才會為韓國藝術界所接受。韓國當代藝術代表人物有樸棲甫、安永燦、影像藝術大師白南準等人。白南準的代表作為《藍佛》《TV佛陀》《全球槽》等。現代的韓國音樂也極具民族的特色，尤其是流行音樂，在國際上具有比較重要的地位。當代韓國文學內容豐富多彩，名作輩出，並大多被搬上銀幕或者螢屏。韓國影視產業頗為發達，在亞洲獨樹一幟。當代韓國藝術界與世界其他國家交流頻繁。韓國國際藝術博覽會（KIAF）是一項重要的國際藝術盛事，由韓國畫廊協會於2002年創辦成立，博覽會不只涵蓋亞洲藝術，更面向世界各地的藝術力量，已贏得良好的聲譽。韓國釜山國際雙年展創辦於1981年，每兩年一屆，曾多次向人們展示多種多樣的世界現代藝術動向。展覽分為三個大組：當代藝術展、海洋藝術節、釜山雕塑節。

Korea

Republic of Korea's history can be divided into five stages: the era of the Three Kingdoms (Goguryeo, Silla, and Baekje), the Unified Silla, the Goryeo Dynasty, the Joseon Dynasty, and modern and contemporary Korea. Art during the Three Kingdoms period mostly consisted of tomb murals. After the Silla-Tang War, ancient Chinese art left a significant impact on traditional Korean art. Later on, Korean art was further influenced by the Zhe Pai (School of Zhe) from the Ming Dynasty of China.

During the Goguryeo Dynasty, Korean art was focused on tomb murals. As early as the period of the Three Kingdoms, Korea began producing the geomungo (or komungo, also known as the Goguryeo zither), the gayageum (or kayagum) and other classical instruments. Music and literature from the Unified Silla era were deeply influenced by that of the Tang Dynasty of China. Many Sillans, including Choe Chiwon, travelled to China to study Tang art. Entering the Joseon Dynasty, Korean art was further influenced by art from the Yuan Dynasty of China. The celadon incense burners, drinking vessels, and vases made during this period were exquisite and elegant, and are considered to be the best celadon ware in the world.

日本國　Japan

國家概況

簡　稱：日本

政　體：君主立憲制首　都：東京

地理概況

位 置：亞洲東北部、太平洋西岸

國土面積：37.8萬平方公里（陸地面積）

氣 候：溫帶海洋性季風氣候

社會概況

全國人口：約12,699.5萬

主要民族：大和族

官方語言：日語

主要宗教：神道教、佛教等

經濟概況

支柱產業：電子工業、汽車工業、文化產業貨 幣：日元

3世紀中葉，日本境內出現「大和國」。645年，日本向中國唐朝
學習，進行大化改新。12世紀後期，進入幕府時代。1868年，日本又
向歐美列強學習，進行明治維新，迅速躋身資本主義列強行列，對外
逐步走上侵略擴張的軍國主義道路。日本在第二次世界大戰中戰敗，
1945年8月15日宣佈無條件投降。1947年頒佈實施新憲法，由天皇制
國家變為以天皇為國家象徵的議會內閣制國家。1972年9月29日，中
日兩國簽署《中日聯合聲明》，實現邦交正常化。中日雙邊關係是雙
方在世界上最為重要的雙邊關係之一。日本戰後美術與中國有頻繁的
友好交流，兩國美術家及其代表團互訪連年不斷。日本美術界來華展
出數以百計，包括古代、現代和當代，涉及日本畫、油畫、版畫、雕
塑、書法、刻字、工藝、設計等領域。除了美術之外，日本的動漫、
音樂、電影也和中國交流頻繁。

日本人通常以鞠躬作為見面禮節，對鞠躬度數、時間長短、次數等還有特別的講究。行鞠躬禮時手中不得拿東西，頭上不得戴帽子。日本有時還一面握手一面鞠躬致敬。一般日本婦女，尤其是日本的鄉村婦女，只是鞠躬。

　　日本飲食一般被稱為和食或日本料理，可歸納為「五味」「五色」與「五法」。「五味」為：春苦、夏酸、秋滋、冬甜、澀味。「五色」是：綠春、朱夏、白秋、玄冬，再就是黃色的廣泛運用。所謂「五法」指烹飪方法：蒸、燒、煮、炸、生吃五種。

日本傳統服飾 Traditional Costume of Japan

　　和服是日本人的傳統民族服裝。和服的種類很多，不僅有男女和服之分，未婚、已婚之分，而且有便服和禮服之分。男式和服款式少，色彩較單調，多深色，腰帶細，穿戴也方便。女性和服款式多樣，色彩豔麗，腰帶寬，不同的和服腰帶的結法也不同，還要配不同

的髮型。

　　日本人不喜歡紫色，認為紫色是悲傷的色調；最忌諱綠色，認為綠色是不祥之色；忌諱3人一起「合影」，認為中間的人被左右兩人夾著是不幸的預兆；忌諱荷花，認為荷花是喪花；忌諱在探望病人時用山茶花及淡黃色、白色的花。此外，日本人不願接受有菊花或菊花圖案的東西或禮物，因為它是皇室家族的標誌。日本人還有不少語言忌諱，如「苦」和「死」，就連諧音的一些詞語也在忌諱之列，如數詞「4」的發音與死相同。

盂蘭盆節Obon Festival

特色節日

建國紀念日　2月11日天皇生日　　　12月23日

　　日本是亞洲東部太平洋上的群島國家。在進入歷史時代後，日本沒有大規模的民族遷移，在長達萬年的時間內，保持了完整獨立的連

49

續性。以1868年明治維新為界，日本先後受到以中國為代表的東方文化和以歐美為代表的西方文化的強烈影響。它對外來的先進文化採取先全盤接受，後逐步吸收的方法，滋養並厚實了本國文化。日本美術隨日本文化同時發展，以深厚的文化傳統和頻繁的外來影響的背景，形成獨特體系。佛教傳入日本之後，日本進入古代時期（飛鳥時期、奈良時期、平安時期），古代日本美術吸收了中國傳入的佛教、漢唐文化，形成具有自己特點的美術。鎌倉時代、室町時代、桃山時代、江戶時代為日本文化的中世紀，在桃山和江戶時代，市民文化興起。日本的近現代從明治時代開始。在近現代時期，日本吸收了西方的文化，聯繫自身民族現代化進程，迅速發展。無論是在傳統藝術或者當代藝術的世界中，日本以鮮明的藝術特色和文化傳承佔據了不可或缺的重要地位，對世界藝術有深遠的影響。

先史時期（前6世紀—6世紀初）

繩文文化是日本歷史上第一個有代表性的本土文化，它的明顯標誌是繩文陶器和陶偶。彌生文化是伴隨著水稻生產的金石並用文化，最早誕生於九州地區，是繩文文化和外來文化的「混血兒」。因古墳時代出現了許多高塚式的墳墓，所以稱為古墳文化，其受到了中國六朝文化的影響。

古代時期（6世紀中期—12世紀末）

飛鳥時代，約始於佛教開始傳入日本的6世紀前半葉，止於大化改新的645年。白鳳時代，始於645年，止於遷都平城京的710年。這是效仿中國，無論政治還是宗教，都立法並由法來支配的時代。日本朝廷積極導入以佛教和儒學為主體的大陸文化，美術上受中國魏晉南北朝和隋唐的影響。以佛教寺院為代表的大陸建築影響到日本，成為飛鳥、白鳳建築的主體。最早的真正佛寺——飛鳥寺是百濟來的工匠於596年建立的。它以塔為中心，三面建金堂，繞以迴廊。斑鳩寺（創建期的法隆寺）比它稍晚，主要堂、塔縱置於軸線上。現在的法隆寺西

院中心一部為白鳳時代重建，柱子粗重而腹脹，雲形鬥拱、人字拱、角鬥拱向斜方向突出，可窺測斑鳩

埴輪 Haniwa

埴輪流行於4世紀至6世紀，是日本古墳頂部和墳丘四周排列的素陶器的總稱，分為圓筒形埴輪和形象埴輪。圓筒形埴輪是中空的，彌生後期出現在日本吉備地區，最初是供祭祀用的特殊的器臺形陶器。形象埴輪有屋形埴輪、器物埴輪、動物埴輪和人物埴輪，迄今為止還未發現過塑成墓主形象的埴輪。

寺的面貌。白鳳時代引入和普及了中國唐朝建築風格，可以認為奈良時代建築的樣式和技術大都始於這裡。此時的日本藝術總體上都保存了六朝遺風，高雅典古、氣運厚重，但已漸露和化氣象。

奈良時期的歷代天皇注重農耕，興修水利，獎勵墾荒，社會經濟大為發展，此時的奈良朝受中國盛唐文化的影響，又透過唐朝接受印度、伊朗的文化，從而出現了日本第一次文化全面昌盛的局面。中國

唐朝繪畫的技法和樣式被廣泛吸取，繪畫製作受到國家支持。現存遺品雖少，但透過正倉院文書等文獻資料仍可以瞭解到畫家的活動情況。首先是佛教繪畫盛行，東大寺華堂的《釋迦靈鷲山說法圖》，透過緻密濃厚的色彩和複雜的山水結構消化了盛唐樣式。藥師寺《吉祥天像》《鳥毛立女圖屏風》，令人想到豐腴的唐朝美人畫。其他代表作有傳存正倉院的琵琶和阮咸上的捍撥畫、榮山寺八角堂內的裝飾畫、《繪因果經》等。

　　平安前期日本繪畫還受唐和五代的影響，到平安後期產生了摹寫日本風土和人物的「大和繪」。大和繪是純粹採用日本畫題的畫，描寫四季風情的叫做「四季繪」，

飛鳥寺本堂 Asuka-dera

　　飛鳥寺是日本最古老的正式寺廟，建於596年，位於奈良縣高市郡，在鐮倉時代其大半規模毀於火災，現在的本堂是江戶時代所重新興建的建築。主佛銅製如來像被稱為飛鳥大佛，是日本最古老的佛像。

唐招提寺金堂 Toshodai Temple

　　唐招提寺是日本著名的古寺，位於日本奈良市西京五條街，759年由中國唐朝高僧鑒真所建。有金堂、講堂、經藏、寶藏以及禮堂、鼓樓等建築。其中金堂最大，以建築精美著稱，有鑒真大師坐像，被譽為日本國寶。

　　描寫名勝風景的叫做「名所繪」，後來進一步以和歌為題材，達到了繪畫、書寫、詩歌三位一體。大和繪產生於10世紀初，到11世紀中葉，大和繪全面成熟，還出現了宮廷畫師。最典型的大和繪是描寫物語（世俗故事）的畫卷，其中最傑出的是《源氏物語繪卷》。《源氏物語繪卷》是描寫平安貴族女性的風俗畫，表現了宮廷貴族女性的風貌。

　　日本古代音樂流傳下來的作品不多，但他們借鑒朝鮮半島和中國流傳過來的音樂，有品種豐富的樂器，並有很多職業音樂家。這種日本音樂被稱為「和樂」，在明治維新之前一直是日本音樂的主流。

大化革新之後，日本借用漢字創立了自己的文字，文學逐漸發展起來。日本最早的文學作品有誕生於八世紀的敘事作品《古事記》《日本書紀》以及詩歌總集《萬葉集》。11世紀初，女性文學家紫式部的長篇小說《源氏物語》問世，其結構是由短篇小說連貫而成的，是日本文學的典型代表。同時代另一位女作家清少納言著有《枕草子》。詩歌方面則有《古今和歌集》。

中古時期（12世紀末—19世紀中期）

鐮倉時期始於平氏滅亡的1185年，止於鐮倉幕府滅亡的1333年。這是京都朝廷的公家文化和鐮倉幕府的武家文化對立和交融的時代，也是古代走向中世的變革期。武家以新傳入的禪宗、宋學、南宋畫等來建立自己的文化，以反對朝廷公家文化所依據的佛教、儒學、唐畫與大和繪，形成以武力為中心的藝術，包括武士生活、戰爭繪卷、屏風等。還有表現人們日常生活和精神生活的戲劇、茶道、金閣寺、鐮倉大佛。日本畫源流的狩野派也誕生於此時期，這個畫派畫風粗獷，也是服務於武士階層長達七代，歷時兩百餘年。

室町時代的文化方面，無論是貴族還是武家的文化，都受到禪宗的影響。另一方面，十六世紀中葉，葡萄牙人、西班牙人來到日本，傳入了槍炮和基督教，東方與西方的藝術在室町時代碰撞出火花。

源氏物語繪卷 Genji Monogatari Emaki

　　《源氏物語繪卷》最初是以愛情小說《源氏物語》54 帖為基礎，每一帖選取一至三個場面進行創作，繪卷以「詞書」與「畫」交替重複的形式呈現。繪卷作於11世紀，是古代日本民族繪畫「大和繪」的代表作品，以濃麗的色彩和「引目鉤鼻」的程式化人物造型，體現了強烈的裝飾趣味和幻想氣氛。

鹿苑寺（金閣寺）Golden Pavilion

　　鹿苑寺始建於1397年，位於京都府京都市北區。其名稱源自日本室町幕府第三代將軍足利義滿之法名，因為寺內核心建築「舍利殿」

的外牆全是以金箔裝飾，又被稱為「金閣寺」。它是日本的國寶級建築。

唐獅子圖（局部）/ 狩野永德Karajishi (local) / Kanō Eitoku

狩野永德（1543—1590），是安土桃山時代壁障畫的傑出代表。傳世作品《唐獅子圖》畫在六扇摺疊屏風上，畫面金碧輝煌，氣勢磅礴，體現了武家政權對於自身權勢的炫耀。

30年，然而這30年間，日本的文化方面取得了驚人的成就。美術方面，障壁畫（障屏畫）開始流行。障壁畫有水墨畫和金碧濃彩畫兩種，主流是狩野派。狩野派的奠基人狩野永德是把室町時期盛行的水墨畫和日本傳統的大和繪巧妙地融合，運用豐富的色彩和強力的線描，宏大的構圖等優點於一體的集大成者。狩野永德的代表作品有《唐獅子圖屏風》《檜圖屏風》等。

隨著經濟的發展，到了江戶時代，市民階層不斷擴大，世俗美術在這個時期得到了充分的發展，浮世繪起於這時期並得到普及。浮世繪是日本最有代表性的美術品種，它的題材涉及時事、傳說、歷史、山川景物、婦女生活、戲曲場景和古典名著圖繪等等，它成了江戶時代人民生活的百科全書。菱川師宣始創浮世繪，反映市

神奈川衝浪裡/葛飾北齋 The Great Wave of Kanagawa / Hokusai

　　葛飾北齋（1760—1849）是江戶時代的浮世繪代表畫家，尤其擅長風景畫，此圖是其晚年作品《富嶽三十六景》中的一幅，表現了船工和巨浪搏鬥的驚險場景，是浮世繪的名作。

　　民逸樂的氣氛。1765年，鈴木春信發明了多色印的錦繪，完成了技術革命。浮世繪美人畫中出現鳥居清長、喜多川歌麿，風景畫中出

現葛飾北齋、安藤廣重，迎來了浮世繪的全盛期。圓山應舉一度學狩野派，以後受中國和西方影響，注重寫生，發展為圓山派。門人中松村吳春又展開了具有豐富抒情色彩的畫風，自成四條派。它們合稱為圓山四條派，影響波及現代日本畫。受中國明清畫的影響，此時日本文人畫也開始興盛。

中世紀日本最流行的文學形式是俳句。松尾芭蕉等詩人活躍於德川幕府初期，是雅文學的代表，對日本文壇有深遠影響。近松門左衛門的「淨琉璃」戲劇則反映了底層人民的喜怒哀樂，是俗文學的代表。

《寬政三美人》（局部）/喜多川歌麿 Three Beautiful Women of the Kansei Era (local)/Kitagawa Utamaro

喜多川歌麿（1753—1806），日本江戶時代浮世繪畫家，與葛飾北齋、安藤廣重有浮世繪三大家之稱。他也是第一位在歐洲受歡迎的日本木版畫家，以描繪從事日常生活或娛樂的婦女以及婦女半身像見長。

近現代時期（19世紀中期—20世紀中期）

日本近代始於19世紀江戶幕府末期至明治維新初期，西歐列強先後打開日本的大門。當時，在日本國內無論是政治還是社會整體，到處充滿了對西歐文明的憧憬與嚮往。19世紀下半葉，日本的青年畫家爭相前往巴黎留學，回國後成為日本美術學校的生力軍。這個時期，日本將「西洋繪畫」與「日本繪畫」的區別固定下來，以岡倉天心等人為核心的一部分畫家主張回歸傳統。東京美術學校創辦於1888年，即現在東京藝術大學的前身，為了順應時代潮流，在吸收西洋美術畫法的同時，進一步發展傳統畫法，成為學生的首要課題。教學內容為日本畫，教師以狩野芳崖等狩野派、圓山四條派、大和繪等日本傳統繪畫流派畫家為主，浮世繪被排除在外，這種傾向對當今日本的畫壇產生了根深蒂固的影響。1896年，推動改革傳統畫法的呼聲漸起，於是在美術學校增設了西洋畫科，從法國留學回來的黑田清輝等擔任講師。黑田清輝對後來的日本美術界產生了很大影響，他們的學生成為後來日本畫界演變的核心力量。

悲母觀音像/ 狩野芳崖 Kannon as Compassionate Mother /
Kano Hogai

　　狩野芳崖（1828—1888）處於舊日本畫向新日本畫的變革過渡時
期。他既是「國粹」堡壘──狩野派中衝殺出來的鬥士，又強烈追求
日本畫的現代化，其《悲母觀音像》是在傳統技法上又導入西洋畫法
的作品，受到高度評價。

　　近代日本文學出現了夏目漱石、芥川龍之介、二葉亭四迷等著名
小說家，他們的文學創作具有近代啟蒙的性質，並對當時的東亞其他
國家有一定影響。

20世紀中期至今

　　動漫產業是日本文化產業出口的重要組成部分，宮崎駿的動畫電影在世界上擁有大量追隨者，其代表作品有《千與千尋》《龍貓》等。而機器貓、阿童木、蠟筆

黑澤明 Akira Kurosawa 1910—1998

　　日本電影編劇、導演、監製人。1951年，憑藉《羅生門》在威尼斯影展上獲得金獅獎，成為獲得該獎的第一位亞洲人；1975年，執導的日俄合資電影《德蘇烏扎拉》，獲得莫斯科影展金牌獎和奧斯卡最佳外語片獎。另有《七武士》《影武者》等佳作。1990年，獲第62屆奧斯卡終身成就獎。

宮崎駿 Miyazaki Hayao 1941—

　　日本漫畫家、動畫師、動畫導演、動畫編劇、動畫製片人。1982

年開始獨立創作漫畫，並執導動畫影片。2003年，他執導的《千與千尋》獲得第75屆奧斯卡最佳動畫長片獎，另有《風之谷》《天空之城》《哈爾的移動城堡》等佳作。2015年，獲第87屆奧斯卡終身成就獎。

日本的電影事業非常發達，東京電影節是世界最重要電影節之一。毫無疑問，黑澤明是迄今為止亞洲最有影響的電影導演。不論在日本、中國還是歐美都有著許多追慕者，黑澤明的成績不僅在當時，更在未來。

當代日本，很多藝術家經常參與國際交流，在國際藝術界有重要地位，其中包括草間彌生、奈良美智、村上隆、小野洋子等當代著名藝術家。如2014年1月4日到3月30日，被譽為「前衛女王」的草間彌生來到上海當代藝術館，開始在中國的首次大型展覽。2015年11月16日，日本藝術家小野洋子在中央美術學院美術館，和觀眾分享她的作品和體驗，並且進行現場表演。另外，自2011年至今，由中國文化傳媒集團主辦，《藝術市場》雜誌社股份有限公司策劃、組織實施的「視覺中國•洲際行」藝術活動，已在日本東京中國文化中心成功舉辦了6場展覽，其中包括中國新水墨東京特展（2011年）、水墨本色——為中國畫（2012年）、中國當代工筆劃聯展（2013年）、中國當代工筆劃聯展（2014年）、水墨本色——中國中青年藝術家日本東京聯展（2015年）、王根生繪畫藝術日本展（2016年）。正如安迪•沃荷以金寶湯罐頭作為創作標誌，草間彌生（1929—　）以其無處不在的圓點南瓜見稱，其大名響徹當代波普藝術世界，無疑是日本最重要的女性藝術家之一，並被稱為當代「波普女王」。2003年獲得法國文化部頒發的藝術及文學騎士勳章。

草間彌生Yayoi Kusama

Japan

The development of Japanese art can be divided into five phases : prehistoric or ancient, classical · medieval, modern · and contemporary. Ancient Japanese art primarily absorbed the Buddhist and Tang culture from China and formed its own characteristics. City culture emerged during the Momoyama and Edo periods. In modern and contemporary times, the influence of western cultures and Japan's own modernization process brought about the rapid growth of art in the country, which in turn has had a deep impact on global art.

The Jomon culture is Japan's native culture, mainly represented by Jomon pottery and ceramic figurines. Due to the construction of multi-chambered burial mounds known as tumuli during the Kofun period, the Jomon period is also known as the Tumulus period, and the culture during this period is called the Tumulus culture. This culture was also impacted by the Chinese culture of the Six Dynasties. From the 6th century to the late 12thcentury, Japan actively incorporated mainland Chinese culture, which was largely represented by Buddhism and Confucianism. The architectural style of the Tang Dynasty of China was introduced during the Asuka period. Japanese art in this period generally preserved the legacy of the Six Dynasties, exhibiting a sense of elegance, classicism · and richness. By the mid-11th century, Yamato-e (Japanese-style painting) was fully developed. The most prominent work during this period was the Genji Monogatari Emaki (The Tale of Genji Scroll). The Tale of Genji was written by the female writer Murasaki Shikibu in the early 11th century and is considered a classical work of Japanese literature.

In the 14th century, Samurai culture flourished, which opposed the court culture and formed a military-centered school of art. Under the influence of foreign religions, Japanese culture made remarkable achievements during the 15th and 16th centuries. Thereafter, Shōheki-ga (partition paintings) became popular. Ukiyo-e (floating world paintings) emerged during the Edo period, with Kitagawa Utamaro, Katsushika Hokusai and Utagawa Hiroshige as representative artists. Later, under the influence of the paintings from the

Ming and Qing Dynasties of China, Japanese literati paintings began to flourish.

Modern Japan began in the early 19th century, during the late Edo shogunate period to the early stages of Meiji Ishin (Meiji Restoration). During this period, western European powers began to successively invade Japan, opening it up to the world. Many young Japanese students, including Okakura Kakuzō and Kuroda Seiki, studied abroad in the west and, after returning to Japan, became a powerful new force in Japanese art schools, reducing the influence of the school of Ukiyo-e. This development had a deep-rooted influence on Modern Japanese paintings. Japanese contemporary art has been shaped by European and American contemporary art. Japanese contemporary artists include Yayoi Kusama, Takashi Murakami, Yoshitomo Nara, and Yoko Ono who, with their distinctive personal styles, have achieved fame in the midst of many contemporary artists.

中亞五國

中亞五國深處亞歐大陸腹地，屬於典型的大陸性氣候，乾燥少雨。除了費爾幹納盆地綠洲灌溉農業較為發達，中亞的絕大部分區域屬於草原和荒漠，自古以來就是遊牧民族馳騁縱橫的家園。一個由遊牧民族在中亞建立起威名赫赫的大帝國，又在短期內分崩離析。由於地處絲綢之路的要塞位置，又使這裡商貿往來頻繁。中亞是古代的民族走廊和東西文明交匯之地，這裡的文化兼具草原文明的粗獷和綠洲文明的精緻。

中亞五國藝術走過了相似的發展歷程：中世紀以前對中亞藝術產生較大影響的是波斯，中亞早期的文學作品大多用波斯語寫成，並且為波斯語文學貢獻了許多一流的作家。中世紀以後，中亞藝術邁入伊斯蘭化時代，伊斯蘭風格的清真寺建築和細密畫成為主流。其中，位於今烏茲別克斯坦境內的撒馬爾罕、布哈拉等城市，一直是絲綢之路上的重鎮，由於優越的交通地位，成為這一時期中亞文明的中心，有著豐富的藝術遺存。

二十世紀20~30年代，中亞五國相繼加入蘇聯，中亞文化成為蘇聯文化藝術的一部分，伊斯蘭色彩大大減弱。蘇聯解體以後，中亞五國走上新的發展道路，文化藝術的民族性得到凸顯，伊斯蘭色彩也重新加強。其中哈薩克在當代藝術上步伐較快，出現了大量前衛的建築設計和繪畫作品。

哈薩克共和國 The Republic of Kazakhstan

國家概況

簡 稱：哈薩克

政 體：總統制共和制

首 都：阿斯坦納

地理概況

位 置：亞洲中部

國土面積：272.49萬平方公里

氣 候：典型大陸性氣候

社會概況

全國人口：約1792.6萬

主要民族：哈薩克族、俄羅斯族

官方語言：哈薩克語、俄語

主要宗教：伊斯蘭教

經濟概況

支柱產業：石油、農牧業

貨 幣：堅戈

　　15世紀時，今哈薩克的大部分土地從欽察汗國分離，成為月即別汗國的一部分，隨後一些部落脫離月即別汗國的統治，並逐步形成了哈薩克族。16世紀初，哈薩克族分為大玉茲、中玉茲、小玉茲三個汗國。17世紀30年代，小玉茲、中玉茲加入俄國，大玉茲被準噶爾汗國吞併。1757年準噶爾汗國亡於中國清朝，大玉茲、中玉茲成為清朝的藩屬。19世紀鴉片戰爭後，巴爾喀什湖以東以南的土地劃給俄國。1917年俄國革命，今天的哈薩克大部分土地成為脫離俄國統治暫時獨立的阿拉什自治共和國的一部分。1936年，其成為蘇聯加盟共和國。1991年12月16日，哈薩克宣佈獨立。1992年1月3日，中國和哈薩克建交。近年來，中國已成為哈最大交易夥伴國和主要投資國之一，中哈合作領域已拓展到政治、安全、經貿、能源、交通、文化等各方面。

　　哈薩克人非常重視文明禮貌，常用的見面禮節主要有：握手禮；親吻禮，一般使用於親朋好友之間；注目禮，夫妻之間採用的見面禮節；屈膝禮，哈薩克婦女面對對方，欠身屈膝；撫胸禮，遇到尊長或接待來賓時，哈薩克人的傳統禮節，是右手按胸，躬身約30度施禮。

哈薩克人的主要食物是牛羊肉、奶、麵食、蔬菜等，飲食習慣和

歐洲基本相同。最常喝的飲料是奶茶和馬奶。哈薩克人的傳統食品是羊肉、羊奶及其製品，最流行的菜餚是手抓羊肉。此外，誘人的美食還有馬腸肉。哈薩克人把羊頭視為餐中的珍品。哈薩克人有個傳統的民族習慣，喜歡客人從盤中取些肉請主婦吃，以示客人對主人的敬意和感謝。

哈薩克人的餐桌Dining-table of Kazakhstan

哈薩克傳統的民族服飾，男子多為白襯衣、寬褲襠、戴繡花小帽，冬天穿毛皮大衣，高筒皮靴。婦女愛穿肥大連衣裙，披肩繡花坎肩，頭戴尖頂帽或插上羽毛，喜愛項鍊、耳環、手鐲等裝飾。

哈薩克傳統服裝Traditional Costume of Kazakhstan

　　哈薩克人忌諱與人談話時脫帽；忌諱別人當著他們的面讚美他們的孩子和牲畜；忌諱用手指或棍棒比劃清點人數，認為這意味著把人看成牲畜，是汙辱人的舉止。哈薩克人特別忌諱用左手待客服務，認為這是極不禮貌的。他們在做禮拜時，最忌諱別人從面前透過。他們忌諱有人用腳踢羊和用腳踏食鹽。他們厭惡黑色，認為黑色是喪葬的色彩。他們禁食豬肉、騾肉、驢肉、動物血及一切自死的動物，也不吃原條魚。

　　特色節日

　　新年1月1日

　　納烏魯斯節　3月21日

　　祖國保衛者日　5月7日

　　憲法日　8月30日獨立日　12月16日

　　哈薩克的文化可以分為三個時期：哈薩克汗國時期、近現代時期

和1991年至今。15世紀到19世紀，哈薩克的大部分土地從欽察汗國分離，成為月即別汗國的一部分，並逐步形成了哈薩克汗國，伊斯蘭教很快成為國教，因此傳統美術和建築藝術都具有鮮明的伊斯蘭教色彩。19世紀初到20世紀末，哈薩克被俄羅斯統治，藝術受到同時代的俄羅斯政治文化影響很深。1991年，哈薩克獨立，進入了現代藝術時期，繪畫受到「前衛藝術」影響，建築也進入繁榮期。

哈薩克汗國時期（15世紀—19世紀中期）

哈薩克汗國時期一直以伊斯蘭教為信仰，傳統藝術作品表現出較為濃厚的伊斯蘭美術風格，例如繪畫作品中所運用的線條較粗，色彩華麗，兩者形成鮮明的反差。這一時期代表藝術家有阿依特貝耶娃和季祖布耶夫。建築藝術已經完成了民族化過程，吸收了遊牧民族和阿拉伯建築的裝飾風格和方法，並取得了較大成果，例如吉木河上遊修建了白色清真寺等。另一類重要的建築即君王陵墓，墓碑裝飾豐富，民族特色鮮明，大多刻著綿羊和盤羊的石雕。

近現代時期（19世紀中期—20世紀末）

這一時期繪畫的主要內容是哈薩克優美的自然環境、遼闊的土地以及純樸的民風。哈薩克藝術家的作品也明顯地帶有批判現實主義繪畫的影子，強調人們生活的艱辛和對幸福生活的嚮往。20世紀初，進入蘇維埃時期，哈薩克藝術家們對時事政治、民族意識等嚴肅主題表現出了極大的注意力。阿貝爾汗•卡斯捷耶夫是哈薩克第一個民族色彩畫家、水彩畫大師，被稱為「哈薩克人民美術家」，代表作為組畫《在哈薩克的土地上》，反映了哈薩克人民的鬥爭歷史。

哈薩克的近代建築是民族建築藝術的自然延續，其中一個重要組成部分就是安置在墓地上的墓圍。哈薩克曼格斯套高原地帶的墓群建於19世紀末20世紀初，墓圍的門一般朝南，門楣上多雕刻有精美的圖畫，裡外都繪有圖案，並用濃黑的色彩上漆，保持最原始的形態，裡牆上多繪製有軟靴、餐具、兵戈、茶飲等家用物品，並用黑色、綠色

和紅色顏料上漆。

採棉花/阿貝爾汗•卡斯捷耶夫Cotton harvest /Abilkhan Kasteev

《採棉花》創作於1935年，卡斯捷耶夫（1904—1973）以現實主義手法表現當地婦女收集棉花的場景，此幅作品構圖開闊，畫風質樸，栩栩如生地刻畫出當時勞作人民的真實情感，具有一定的批判色彩。

1991年至今

1991年，哈薩克宣佈獨立，哈薩克美術得到了創作的解放，藝術創作環境變得更加自由，「前衛藝術」就成了眾多藝術家爭相採納的藝術形式。他們開始嘗試運用不同的繪畫風格和繪畫手法來表現自己對藝術的理解，將藝術的最新材料作為創作的突破點，在創作的同時運用適合自己的藝術手法，擺脫之前美術創作的思維限制，將自己的精神思想融入作品中，並結合西方藝術色彩來擴大作品形式。魯斯塔

木是「前衛藝術」的先鋒人物，是第一個將「前衛藝術」運用在自己作品中的藝術家，並大膽地提出了「繪畫形式構造」的創作理念。

　　哈薩克獨立後，建築藝術也進入繁榮時期，開始向修築幾十層高樓大廈的方向發展。在結構整合、裡外裝飾方面保持了傳統藝術的內涵———嚴謹的構圖，繁簡得當的細部和具有民族風格的圖案，同時也採用了阿拉伯、波斯、歐洲、中國與突厥語

　　巴伊傑列克觀景塔是位於阿斯坦納的一座紀念塔兼觀景塔，紀念1997年哈薩克將首都遷至此。設計靈感來源於哈薩克族的薩姆魯克神話故事，講述的是一棵神秘的生命之樹和一隻幸福的魔力鳥的故事。

　　系各民族建築藝術方面進步與美觀的模式。巴伊傑列克觀景塔是位於哈薩克首都阿斯坦納的一座紀念塔兼觀景塔，塔的設計來源於哈薩克族的薩姆魯克神話故事，說的是一棵神秘的生命之樹和一隻幸福的魔力鳥的故事。和平與複合之殿是國際頂尖建築大師諾曼•福斯特為哈薩克首府阿斯坦納設計的一座金字塔型的建築物，用作促進宗教與種族和諧的國際交流中心。

哈薩克人熱愛音樂，哈薩克傳統音樂旋律古樸雄渾，內容豐富，散發著濃郁的生活氣息，具有鮮明的地域特色和民族特色，最著名的是民間對唱「阿依特斯」。

哈薩克人被稱為「詩歌的民族」，作品有史詩、神話、傳說、民間故事、敘事長詩、愛情長詩、民歌、諺語等，英雄史詩最負盛名，具有濃烈的伊斯蘭教色彩。史詩中最著名且歷史悠久的作品有《阿里帕米斯》《豁布蘭德》《葉爾塔爾根》《哈木巴爾》《哈班拜》等。愛情長詩《吉別克姑娘》《豁孜闊爾佩席與色彥蘇魯》《恩利克與科別克》和《薩里哈與薩曼》，敘事長詩《考孜庫爾帕西與巴彥蘇魯》《克里米亞的四十個巴圖爾》《鵬鵡的四十個故事》《四個宰相》《巴克提亞爾的四十個故事》等也是具有影響的文學作品。

Kazakhstan

The cultural development of Kazakhstan is divided into three periods: the traditional culture of the Kazakh Khanate, the modern culture during the reign of the Russian Empire, and the contemporary culture after the 20thcentury. The Kazakh Khanate was founded in the 15th century and, for a short period, Islam was the state religion; hence, traditional art and architecture had a characteristically Islamic style. Local architecture absorbed decorative styles and architectural methods from nomads and the Arabs. From the 19th century until the late 20thcentury, Kazakhstan was ruled by the Russian Empire and its art was deeply influenced by Russian politics and culture. The shadow of critical realism was evident in the artistic works during this time, emphasizing the hardships of people and their longing for a happier life. In 1991, Kazakhstan declared independence, and 「avant-garde art」became the art form eagerly adopted by many artists. Architecture also enjoyed a booming period and a trend towards high-rise buildings with many floors emerged. Kazakhstan is known as a nation of poetry, and its poems are strongly influenced by Islam. Its music has distinct regional and ethnic characteristics, and its most celebrated musical form is Aitys (a singing poetry competition).

吉爾吉斯斯坦共和國 The Kyrgyz Republic

國家概況

簡 稱：吉爾吉斯斯坦

政 體：議會制共和制

首 都：比什凱克

地理概況

位 置：亞洲中部

國土面積：19.99萬平方公里

氣 候：大陸性氣候

社會概況

全國人口：約593.4萬

主要民族：吉爾吉斯斯坦族、烏茲別克族

官方語言：吉爾吉斯斯坦語、俄語

主要宗教：伊斯蘭教

經濟概況

支柱產業：農牧業

貨 幣：索姆

　　吉爾吉斯斯坦在前3世紀已有文字記載，在《史記》和《漢書》裡被稱為「鬲昆」「堅昆」。從中國西漢漢武帝時，吉爾吉斯斯坦大部分地區首次納入中國版圖。15世紀後半葉吉爾吉斯斯坦民族基本形成。16世紀受沙俄壓迫，其自中亞的葉尼塞河上遊遷居至此。1864年10月7日，俄國強迫清政府簽訂《中俄勘分西北界約記》，強行割讓新疆西部44萬平方公里領土，其中就包括今吉爾吉斯斯坦的大部分土地。1876年清朝藩屬國浩罕汗國被沙俄吞併，至此，吉爾吉斯斯坦全部土地被俄國吞併。1917年11月建立蘇維埃政權。1936年12月5日成

立吉爾吉斯斯坦蘇維埃社會主義共和國，加入蘇聯。1991年8月31日宣佈獨立，改國名為吉爾吉斯斯坦共和國，並於同年12月21日加入獨聯體。1992年1月5日，中國和吉爾吉斯斯坦建交。近年來，中吉兩國經貿合作取得了較快發展，中國已成為吉爾吉斯斯坦第五大出口國和第三大進口國，吉為中國在獨聯體國家中的第四大交易夥伴。

　　吉爾吉斯斯坦人與客人相見時，多施握手禮。在與親友間相見時，還常以右手按胸並鞠躬為禮，同時要說句祝福的吉言。

　　吉爾吉斯斯坦人的飲食中多半是牛奶和肉類。糧食製品是在由遊牧轉向定居、農耕的過程中才開始出現的。吉爾吉斯斯坦人食用羊肉、馬肉、牛肉、駱駝肉和犛牛肉。其中，綿羊肉特別受歡迎。吉爾吉斯斯坦人還有貯藏肉、奶食品備用的習慣。他們主要製作乾牛奶食品、黃油和小碎塊乾肉等。麵食品由小麥、玉米、大米、黍、燕麥製成。用糧食粒和麵粉製作成各種飯菜。

吉爾吉斯斯坦牧民生活 Herdsmen' life of Kyrgyzs

吉爾吉斯斯坦人的傳統服裝是：男性著長袍、皮襖，女性著花裙、包頭。他們也很喜歡穿皮靴，頭戴花帽。上等花帽做得很精緻，有繡花、帽檐，特別是卷沿氈帽，是吉爾吉斯斯坦民族的標誌，製作得非常精美。男性的內衣往往很窄，是緊身的，而褲子卻很肥大。女士的裙子十分豔麗，愛穿燈籠褲，戴白頭巾，往往腳蹬一雙外有膠皮套的軟皮鞋。

吉爾吉斯斯坦傳統服飾 Traditional Costume of Kyrgyz

　　吉爾吉斯斯坦人對指著人說三道四很厭惡，認為這是有意汙辱人的舉止。認為使用左手是無禮的表示。他們對在眾人面前挖鼻孔、掏耳朵、剔牙等舉止很反感，認為這些都是令人作嘔和不禮貌的舉止。他們忌諱黑色，認為黑色是死亡和喪葬的色彩。吉爾吉斯斯坦人同其他穆斯林一樣，忌食豬、狗、驢、騾、蛇肉以及猛禽肉和自死畜肉。

　　特色節日

納烏魯斯節　3月21日憲法日　5月5日反法西斯勝利紀念日　5月9日獨立日　8月31日

碎葉城 Suyab

　　碎葉城，即今阿克•貝希姆遺址，位於今吉爾吉斯斯坦楚河州托克馬克市西南八公里處的楚河南岸。為唐將王方翼所築，是西域重鎮。據說唐代大詩人李白就出生在這裡。

　　吉爾吉斯斯坦藝術可以分為佛教文化時期、伊斯蘭教文化時代和19世紀至今三個時期。吉爾吉斯斯坦在《史記》和《漢書》裡被稱為「堅昆」。三世紀，佛教文化在吉爾吉斯斯坦影響力逐漸加深，該時期主要藝術成就為工藝美術。七世紀，伊斯蘭教文化進入吉爾吉斯斯坦。十三世紀，其被蒙古人統治，波斯文化進入吉爾吉斯斯坦。十四世紀中期，高昌佛教文化滅亡，伊斯蘭教文化徹底統治吉爾吉斯斯

坦。十九世紀後期，吉爾吉斯斯坦併入俄國，文化被俄羅斯化。

前3世紀，吉爾吉斯斯坦出現了巖畫，主要內容是動物、狩獵和放牧，大膽的生殖崇拜、原始巫術和宗教、氏族部落的遷徙和征戰、先民創造的舞蹈也會出現。主要為原始的稚拙簡樸風格，以具象為特徵的寫實風格。吉爾吉斯斯坦早期文學主要是口傳的形式，體裁廣泛，包括神話、傳說、故事、謎語、成語、諺語、俗語、繞口令、民間歌謠、名言警句和民族史詩等。

佛教文化時期（3—7世紀）

三世紀，佛教文化在中亞興起，吉爾吉斯斯坦的建築、雕塑和繪畫受到影響。雕塑在龜茲石窟中佔有重要地位，人像帶有犍陀羅和希臘風格，體現人體之美，注重融合線條的表現手段。壁畫題材主要有佛本生、因緣、本行、譬喻和供養故事等。初創期壁畫用筆粗獷、色彩明快，人物簡單古樸。四世紀中葉到5世紀末，畫風轉為暈染法，以菱形格構圖，以本生故事和因緣故事內容為主。世紀至七世紀為其繁盛期，因緣畫較為突出，建築上以大型中心柱居多。

伊斯蘭教文化時期（7—19世紀）

十世紀，伊斯蘭教文化傳入吉爾吉斯斯坦，伊斯蘭教藝術迴避和排斥具象和偶像，大大地限制了繪畫的發展，畫家們不得不使人物和動物的形象更圖案化。此時建築和工藝美術得到了繁榮發展。建築主要有清真寺建築、經學院建築和陵墓建築，都是仿造阿拉伯式樣的有著厚重的正門的圓頂拱形建築，裝飾富麗堂皇。十三世紀，中亞伊斯蘭文明進一步傳入，舊的佛教、摩尼教建築多被改造為清真建築。清真寺門檻和塔柱高大，塔柱為圓形，由底部逐漸上收，塔頂建穹隆式圓亭，亭上立一新月，建築內沒有壁畫，只有構圖規範、色調沈穩的裝飾圖案。

吉爾吉斯斯坦口傳文學的傑出代表——長篇史詩《瑪納斯》誕生於十世紀，這是一部歌頌民族英雄瑪納斯及其子孫後代反抗侵略、保衛

家鄉的豐功偉績的史詩。

　　吉爾吉斯斯坦的傳統音樂以單音旋律和全音階為特點，其中即興創作的音樂風格被稱作「阿金」，伴奏樂器是一種三根弦的彈撥樂器「庫木茲」。

　　19世紀至今

　　19世紀中葉，吉爾吉斯斯坦併入俄國，藝術被俄羅斯化，同時也將伊斯蘭教特色與西方現實主義和社會主義美術相結合。藝術家逐漸摒棄宗教而面向現實生活提取創作素材，揭露社會的弊端，歌頌勞動。二十世紀末，隨著吉爾吉斯斯坦的獨立，出現了一批批判現實主義和歷史題材的藝術作品。油畫中綜合材料的應用、抽象的造型和色彩構

蘇維埃吉爾吉斯斯坦的女兒/丘伊科夫 The Daughter of Soviet
Kirghizia /S.A.Chuykov

《蘇維埃吉爾吉斯斯坦的女兒》由蘇聯民族畫家丘伊科夫（1902
—1980）1948 年創作完成，是吉爾吉斯斯坦最重要的藝術品之一，
曾於1974年發行紀念郵票。作品描繪了一個吉爾吉斯斯坦農村女孩手
捧書籍，頭戴紅色方巾，象徵自由和信念。

成等不確定的畫面構圖形式，打破了現實主義繪畫的審美。美術
創作的題材逐步多元化，表現現實生活、宗教、歷史、未來和打破時
空界限的美術形式日趨豐富。奧什歷史博物館建於二千年，當時還舉

行了奧什建城三千年的大型紀念慶典。

　　吉爾吉斯斯坦的書面文學作品也是在俄羅斯文學的影響下發展起來的。最著名的作家是艾特瑪托夫，他曾獲列寧獎金和蘇聯國家獎金，是當今世界擁有讀者最多的作家之一。

Kyrgyzstan

The development of Kyrgyzstani art is divided into the era of Buddhist culture, the era of Islamic culture, and the modern and contemporary era. As early as the 3rd century BC, cave paintings began to appear in Kyrgyzstan. Early literature mainly took the form of oral traditions and covered a wide range of genres. In the 3rdcentury AD, Buddhist culture began to emerge, and this had a profound impact on Kyrgyzstani architecture, sculpture, paintings, and drawings. During the 10th century, Islamic culture expanded to Kyrgyzstan, and the development of paintings was therefore greatly limited, whilst architecture and crafts prospered. During this period Kyrgyzstani architecture mainly imitated the Arabian style. In the 13th century, the Mongols conquered Kyrgyzstan, and brought the Islamic civilization of Central Asia to the region and replaced the old Buddhist and Manichaean buildings with Islamic architecture. The outstanding masterpiece of oral literature, the Epic of Manas, came into being in the 10th century. In the mid-19th century, Kyrgyzstan joined the Russian Empire and its art was Russianized, integrating the characteristics of Islam, western realism, and socialism. Kyrgyzstan's written literature also began to grow under the influence of Russian literature. The most famous writer at the time was Chinghiz Aitmatov. After Kyrgyzstan declared independence in the 20th century, a number of artistic works that encompassed critical realism and historical themes were created.

塔吉克斯坦共和國 The Republic of Tajikistan

國家概況

簡 稱：塔吉克斯坦

政 體：總統制共和制

首 都：杜桑貝

地理概況

位 置：中亞東南部

國土面積：14.31萬平方公里

氣 候：大陸性氣候

社會概況

九世紀至十世紀，塔吉克民族基本形成。9世紀，波斯人建立的薩曼王朝統治中亞地區。1920年，布哈拉人民革命後，宣佈成立布哈拉蘇維埃人民共和國。1929年10月16日成立塔吉克蘇維埃社會主義共和國，同年12月5日加入蘇聯。1991年8月底更名為塔吉克斯坦共和國，同年9月9日，塔吉克斯坦共和國宣佈獨立，12月21日加入獨聯體。

全國人口：約870萬

主要民族：塔吉克族

官方語言：塔吉克語、俄語

主要宗教：伊斯蘭教

經濟概況

支柱產業：工業、礦產

貨 幣：索莫尼

1992年1月4日，中國和塔吉克斯坦建交，之後兩國關係積極、健康、穩步向前發展。徹底解決了歷史遺留的邊界問題，簽署了《中塔睦鄰友好合作條約》，並於2013年5月建立戰略夥伴關係。2014年，習近平主席對塔進行首次國事訪問。近年來，中塔睦鄰友好合作關係穩定發展，建立了戰略夥伴關係。雙邊貿易穩步發展，中國已成為塔吉克斯坦最大投資來源國和第二大交易夥伴。

塔吉克人十分重視禮節，對老人更是倍加尊重。幼輩見長者要問安，親友相遇時要握手，撫鬚，即使遇到不相識的人也要問候，將雙手拇指並在一起道一聲好。塔吉克人與客人相見時，多以握手為禮。他們與賓朋好友相見，一般男子行禮時，右手要置於胸前並鞠躬，女子則雙手捫胸躬身為禮。

　　塔吉克人飲食的內容和製作方法反映了他們的生活習慣和民族特點。牧區的飲食以乳製品、麵食和肉食為主。農區以麵食為主，乳製品和肉食為輔。早餐一般吃饢、喝奶茶，午餐吃麵條，晚餐多以肉食為主。最佳民族食物：抓飯、烤包子、燜肉、牛肉湯。喜好磚茶、綠茶、紅茶。喝茶時一般搭配一些乾果、甜食等。

搭建蒙古包的牧民 Herdsmen Build the Mongolian Yurt

　　塔吉克人傳統的民族服裝以棉衣和裌衣為主，沒有分明的四季換裝。男子著肥大的白色襯衫、燈籠褲，外罩一件寬大長袍，腰束腰帶

或方巾，頭戴繡花小帽或纏頭巾，腳穿軟質皮靴。女子穿一種類似絲綢做成的燈籠褲，配長襯衫或外罩彩裙，頭紮白紗巾或絲綢巾，或戴繡花小帽，飾物有珠子、珊瑚項鍊、手鐲、耳環等。

塔吉克斯坦傳統服飾Traditional Costume of Tajikistan

塔吉克斯坦人認為星期三和星期日是不吉祥的日子，禁止與人交往，特別是做生意還債等都是被嚴格禁止的；不能用腳去踢羊或其他動物；騎馬時遇到羊群要繞過去，不能直接穿過。他們對食物很重視，不能把任何食物隨便亂倒，更不能用腳踩，尤其是食鹽。忌食豬肉，禁吃馬、驢、騾、狗、狐狸、兔子、熊等動物的肉和血，不得用左手接送物品，必須用右手。

特色節日

新年　1月1日

納烏魯斯節　3月21日

（戰勝德國）法西斯勝利紀念日　5月9日

民族統一和解日　6月27日

獨立日　9月9日

憲法日　11月6日

　　塔吉克美術可以分為兩個階段：波斯伊斯蘭教時期和19世紀至今。9世紀到10世紀，塔吉克民族基本形成，波斯伊斯蘭教藝術傳入塔吉克。之後，10世紀到13世紀先後加入伽色尼王朝和花刺子模王國，13世紀被蒙古征服，後來成為察合臺汗國領地。16世紀起先後加入布哈拉汗國、葉爾羌汗國和浩罕汗國。這一段歷史時間內，中國文化開始影響塔吉克斯坦。直到1868年，塔吉克併入俄國，近現代美術被俄羅斯化，同時將伊斯蘭教特色與西方現實主義和社會主義美術相結合。

　　波斯伊斯蘭教時期（9—19世紀）

　　波斯伊斯蘭教時期，塔吉克斯坦先後被波斯和突厥統治。9世紀，伊斯蘭教傳入薩曼王朝，古希臘羅馬式的傳統徹底滅亡。許多新的以民俗情節和以阿拉伯式的幾何圖案及植物圖案為主的地方性流派得以確立和發展，色彩和造型上往往追求想像和抽象的美而不講寫實。巨幅繪畫藝術成就顯著，許多宮殿和公共建築物都繪有帶主題內容的壁畫，大多是些帶有英雄浪漫主義色彩和娛樂的題材。10世紀到13世紀先後加入伽色尼王朝和花刺子模王國，突厥人依舊採用帶有圖案花題材的繪畫，並繼續用這種繪畫藝術裝飾伽色尼政府的宮殿。在12世紀，巨幅彩畫藝術開始消失，伊斯蘭時代最具影響力的美術成就細密畫開始流行。它是一種抄本插畫，線條工細、色彩富麗。自13世紀中葉起，受到蒙古征服者帶來的中國繪畫的影響，人物的面孔線條粗獷，多半是蒙古人的臉型。在整個伊斯蘭時代，塔吉克斯坦建築風格極具伊斯蘭教色彩，以藍色為主調，用明快絢爛的色彩和對比強烈的

色調進行視覺傳達。9世紀至10世紀流行「中心圓彎頂」建築，為宮廷式、多立柱和多組合建築群。11世紀至13世紀，塔吉克斯坦開始用非澆鑄的精美刻花赤陶鑲面美飾建築，使用磚砌組成畫面的技術也達到了較高水準。

薩曼王朝時期是塔吉克古典文學的大發展時期，出現了伊本•西納、魯達基、費爾多西、納賽爾•霍斯魯等一大批文學家。魯達基是波斯語詩歌之父，霍拉桑體詩歌風格的奠基人。他歌頌大自然的美麗、愛情的美好和生活的歡樂。他的詩有高度的藝術技巧，敘事簡明、用語樸實、形象生動、寓意深刻，將熱情和冷靜、歡娛和哀傷、信任和懷疑、現實和理想等融為一體。伽色尼王朝時期，阿拉伯語的詞彙逐漸滲入塔吉克語中，這一時期的文學主要集中在宮廷。11世紀下半葉至13世紀初是塔吉克文學的復興時期，出現了諾西爾•希斯羅烏、歐瑪爾•海亞姆等極具代表性的詩人和早期散文作品的典範。

14世紀末，塔吉克斯坦藝術進入中世紀成熟期，實用裝飾藝術和小型彩畫開始出現。以赫拉特畫派為主的細密畫日臻成熟，這一時期的細密畫筆法精緻，構圖簡潔，造型寫實且色彩和諧。繪畫多取材於英雄故事，彩畫簡單質樸，接近於生活寫實，反映了喚起人們思考生命的短暫和自然界永恆的主題思想。在14世紀至15世紀末期間，建築藝術在保持本土特色、吸納傳統優秀成果的基礎上，融合了東西方文化藝術的精髓，進而在形式結構、風格特點、材料種類和裝修方法等方面進行了創新。

蘭加爾巖畫 Langar Petrogram

　　最早創作於一萬年前，多為動物形象，數量巨大，它描繪出人類社會生活的各個方面，不僅顯示了人類早期的藝術創造力，而且包含著人類遷徙的資訊。

　　16世紀至19世紀，塔吉克斯坦進入中世紀藝術晚期，藝術與其他中亞遊牧部落的氏族部落藝術並存。細密畫確立了典型的波斯畫風，色彩裝飾性極強，人物造型修長風雅，並在後期日趨程式化，傾向於矯飾風格。

　　19世紀至今

　　19 世紀中葉，塔吉克斯坦加入俄國，藝術被俄羅斯化，藝術家面向現實生活提取創作素材。20世紀末，隨著塔吉克斯坦的獨立，出現了一批批判現實主義和歷史題材的藝術作品。藝術創作的題材逐步多元化，表現現實生活、宗教、歷史、未來和打破時空界限的美術形式日趨豐富。

賣葡萄的人/祖胡爾•哈比布拉耶夫 Bazaar / Zukhur Khabibullaev

祖胡爾•哈比布拉耶夫（1931— ），塔吉克斯坦著名畫家，1959年畢業於列寧格勒高等工業美術學院。該作品色彩鮮豔，表現了塔吉克斯坦民間巴紮景象，作品中的人物身著當地民族服裝，生動展現了地域特色。

塔吉克人民能歌善舞，流傳著許多幽默滑稽的對唱小品、民間舞蹈、民間木偶劇等多種藝術形式，戲劇更是舉世聞名。塔吉克斯坦是文化底蘊深厚的國家，獨立以後，塔吉克斯坦文學界嘗試接續魯達基開創的文學傳統，進一步發展本民族文學。

Tajikistan

The history of Tajik art can be divided into the Persian Islamic period (the 9th to the 19th centuries) and the modern art period, after the country was conquered by the Russian Empire (after the 19th century). In the 9thcentury, Islam spread to the Samanid Empire, leading to the establishment and development of many local schools of art that centered on folk customs and applied Arabian geometric patterns and floral motifs. Notable achievements were also made in large-scale paintings. This was also a major period of development in Tajik classical literature and created the father of Persian poetry, Rudaki. By the 12th century, miniatures, the most influential art achievement of the Islamic era, became popular and, from the mid-13th century, Tajik paintings were influenced by Chinese painting styles brought by Mongolian conquerors. In architecture, central domed ceilings and palatial, multi-columned, and multi-building complexes became prevalent styles. Between the 11th and 13th centuries, non-casted, beautifully carved terracotta was employed over the surface of buildings as a decorative facet. From the 16th to 19th centuries, Tajik art and the tribal arts of other Central Asian nomadic tribes coexisted. In the mid-19th century, Tajikistan was claimed by Russia and its art came to be Russianized. With the independence of Tajikistan in the 20th century, a number of artworks that possessed a critical realism style and historical themes came into being. Tajikistan's theatrical performances are also globally renowned.

烏茲別克斯坦共和國 The Republic of Uzbekistan

國家概況

簡 稱：烏茲別克斯坦

政 體：總統制共和制

首 都：塔什幹

地理概況

位 置：亞洲中部

國土面積：44.74萬平方公里

氣 候：嚴重乾旱的大陸性氣候

社會概況

全國人口：約3,212萬

主要民族：烏茲別克族

官方語言：烏茲別克語、俄語

主要宗教：伊斯蘭教

9世紀至11世紀，以突厥人、東伊朗人為主要組成部分的烏茲別克民族形成，先後加入伽色尼王朝、喀喇汗王朝。13世紀被蒙古人征服。14世紀中葉，突厥人阿米爾•帖木兒建立以撒馬爾罕為首都的龐大帝國。16世紀至18世紀，烏茲別克人先後建立布哈拉汗國、希瓦汗國和浩罕汗國。19世紀60年代至70年代，部分領土併入俄羅斯。1917年建立蘇維埃政權。1924年成立烏茲別克蘇維埃社會主義共和國並加入蘇聯，1991年8月31日宣佈獨立，1991年12月8日得到承認。

經濟概況

支柱產業：礦產

貨　幣：蘇姆

1992年1月2日，中國和烏茲別克斯坦建交。兩國關係發展順利，2012年建立戰略夥伴關係，2013年簽署《中烏友好合作關係條約》。兩國在經貿、投資、交通、通信、能源和非資源領域合作成果豐碩。至2011年年底，中國已成為烏茲別克斯坦第三大交易夥伴、第一大投資國、第一大棉花買家、第一大電信設備和土壤改良設備供應國。

烏茲別克斯坦男性見面時多用握手方式，但在握手之前要把右手

放在胸前鞠躬。女性的習慣是擁抱，但也要在擁抱前把右手放於胸前鞠躬。長輩可以親吻晚輩的面頰或額頭。如果穿著背心、短褲之類的服裝，就不能到別人家裡做客，更不能進清真寺。在穆斯林做禮拜時，不準別人亂走動或大聲說話。

烏茲別克斯坦人主要以肉、奶、米、面為食，做法很多，食品味道鮮美，蔬菜較少，果品也不多。在日常生活中，他們常吃的麵食有饢、麵條等，麵條的做法有涼麵條、拉麵條、機器麵條、手擀麵條等；常吃的米飯有大米飯、手抓飯；常吃的肉食有烤肉、烤肉包子、肉湯等，還有牛、羊、馬肉，奶油、優酪乳、奶茶等。

納烏魯斯節 Nowruz

烏茲別克人的服飾特點是喜歡戴繡花帽，色彩鮮豔，繡花圖案很多。婦女喜歡身穿連衣裙，腳穿繡花皮鞋，外加套鞋。男人們多穿袍子，腰間要繫腰帶，腰帶實際上是個三角形繡花巾。襯衣的領口、袖口、前襟口多繡有花紋或花邊。老年人長袍多為黑色，一般都穿皮鞋。

烏茲別克斯坦傳統服飾Traditional Costume of Uzbekistan

　　烏茲別克人忌諱左手傳遞東西或食物，認為使用左手是不禮貌的。婦女撩裙而坐，露出大腿是傷風敗俗的行為。由於他們信奉伊斯蘭教，所以禁食豬肉，忌食騾肉、驢肉、狗肉，也忌諱食用自死的動物肉和血液。吃飯時不能脫帽；吃饟時不能拿整個饟往嘴裡放；家裡有少婦時，禁止外人進入；新婚夫妻的房子也禁止外人進入。他們忌諱黑色，認為黑色是喪葬的色彩。

　　特色節日

　　新年　　1月1日

　　納烏魯斯節　　3月21日

　　紀念和榮譽日　　5月9日

　　獨立日　　9月1日

　　烏茲別克斯坦的文化可以分為伊斯蘭文化時期和19世紀中期至今兩個階段。9世紀，烏茲別克民族形成，被薩曼王朝統治，波斯伊斯蘭文化對其影響深遠。9世紀到11世紀，先後被突厥王朝、伽色尼王朝、

喀喇汗王朝以及塞爾柱帝國統治，這些王朝繼承了薩曼王朝的波斯伊斯蘭文化。13世紀被蒙古人征服，中國文化進入烏茲別克。14世紀中葉，帖木兒建立帖木兒帝國，是烏茲別克進入藝術的鼎盛期。16世紀至18世紀，烏茲別克藝術一直以波斯伊斯蘭文化為主要靈感，同時與中國美術相混合，是東方和西方藝術特點的完美結合。19世紀60年代起，烏茲別克斯坦藝術俄國化，宗教不再是主導，開始帶有社會主義色彩。

伊斯蘭文化時期（9—19世紀）

9世紀，薩曼帝國統治時期，將傳統的波斯文化與伊斯蘭教加以結合，之後的突厥王朝亦繼承了薩曼王朝的波斯伊斯蘭文化，這一時期的主要建築成就是宮殿和宗教建築——清真寺和經學院。早期伽色尼王朝還出現了一種新的建築風格，即使用大理石建材，並以雕刻裝飾的建築，這種建築風格顯然與傳統的波斯磚制建築不同，被認為有可能是受到印度文化的影響。繪畫方面，12世紀時細密畫開始真正出現，以巴格達畫派為主，巴格達畫派受到外來藝術和本地傳統的雙重影響，因此更接近阿拉伯和拜占庭的繪畫。人物的臉形橢圓、鬍鬚連鬢，姿態粗獷有生氣。巨幅繪畫藝術成就顯著，大多以伊斯蘭宗教神話為題材。13世紀，隨著蒙古人征服烏茲別克，中國文化開始影響其藝術，出現了一批兼具細密畫的色調和中國畫畫風的混合風格的作品。特別在描繪自然景物方面從寓意轉向寫實，尤其是動物，畫得生動紮實，惹人喜愛，保留了古老的繪畫傳統。這一時期著名的作品有《列王紀》手抄本中的插圖等。

列王紀（臨摹圖）Sefer Melachim (Copy)

　　帖木兒王朝時期是烏茲別克藝術的巔峰時期，中國藝術對其影響深刻。建築的主要成就為宮殿，牆壁之上多倣傚中國鑲砌金碧色琉璃。帖木兒還推崇中國青花瓷，並用於建築裝飾。優美的拱形門和高尖塔則是伊斯蘭建築的一個特點。古爾—艾米爾陵墓位是帖木兒及其後嗣的陵墓，建於15世紀。陵墓造型壯觀，色彩鮮豔，有球錐形大圓頂。兀魯伯天文臺由帖木兒帝國的創建人兀魯伯建造，是中世紀時期《列王紀》由波斯詩人菲爾多西所作，大致分為三種故事：神話傳說、勇士故事和歷史故事。《列王紀》插圖展現了13世紀中亞繪畫的風格，細密畫中融入了來自東方的影響。具有世界影響的天文臺之一，它是一個三層圓形建築物，有獨特的半徑達40米的大理石六分儀和水平度盤。帖木兒王朝是細密畫發展的一個重要時期，作品體現了巴格達傳統和中國畫風的進一步融合。在克瓦朱•基爾曼尼的《三部作》手抄本圖中，人物和花卉兼有中國明代繪畫的秀麗和波斯繪畫的優雅。15世紀下半葉，細密畫達到了前所未有的高度，費爾多烏斯、尼紮米、霍斯洛夫•捷荷列夫、德紮米、那瓦依的作品被畫家和藝術家在別赫紮德的帶領下創作出了幾十種版本。帖木兒王朝末期誕生了承先啟後的細密畫大師比塞特，他是帖木兒王朝赫拉特派最偉大的畫家。他的作品不受傳統束縛，形象生動，色彩鮮明，尤其重視表現人物感情。他有兩幅帖木兒末代君王侯賽因•貝卡拉的肖像，是波斯繪畫中第一批真正的肖像畫。彩畫方面則拋棄了與古希臘羅馬藝術傳統有關的選題彩畫，主要表現了帖木兒在伊朗和印度的征戰及他接見外國使節、開慶祝會的場面，還描繪了他和大臣們的生活情節。中國裝飾畫對巨幅繪畫影響巨大，在希林•比卡•阿克陵墓的壁畫中，樹枝上四隻淺藍色微紅的喜鵲就與中國水墨畫的喜鵲圖很相似。彩飾陶器上的彩色花紋構圖一般是遵循陶器原有的形狀而被繪成的，有的地方畫面一直拖到器皿的底部。這樣儘管破壞了陶器的製作原則，卻突出了巨幅彩畫的特徵，畫面立體感強，人物形狀千姿百態，形式粗獷。

16 世紀至19 世紀，烏茲別克斯坦進入中世紀藝術晚期，藝術與其他中亞遊牧部落的藝術相互並存。昔班尼王朝時期建築成就卓越，依舊以伊斯蘭風格和色彩為主。建築使用的大多是琉璃瓦、馬賽克、大理石、珍稀木材、金箔和藍彩，外部修有華麗的牆體、拱形的門楣、圓錐形的彩柱、半圓形的穹頂，內部所有牆面和天花板皆繪滿各種鮮麗的樹木、花卉、幾何形圖案和阿拉伯文字。列基斯坦神學院由三座神學院組成：建於15世紀的兀魯伯神學院，建於17世紀的季里亞—卡利神學院和希爾—達爾神學院。這三座建築高大壯觀、氣勢宏偉，內有金碧輝煌的清真寺。兀魯伯神學院的正門和彩色的穹頂用各種色彩的陶瓷裝飾。希爾—達爾神學院則有巨大的拱門入口和伊斯蘭建築圓蔥型屋頂。

19世紀中期至今

19世紀中葉，烏茲別克斯坦加入俄國，藝術被俄羅斯化。

撒馬爾罕文化中心 Cultural Center of Samarkand

撒馬爾罕有著兩千多年的歷史，在歷史上一直是中亞兩河流域的交通要衝和中心城市，也是古絲綢之路上的樞紐之一。撒馬爾罕文化中心位於澤拉夫尚河畔，2001年聯合國教科文組織將撒馬爾罕文化中心列為世界遺產。

布哈拉歷史中心的清真寺 Mosque of Bukhara Historic Center

　　布哈拉城建立於前1世紀，位於澤拉夫尚河的低窪灌溉河谷地區，距撒馬爾罕250公里，1993年聯合國教科文組織將布哈拉歷史中心列為世界遺產。因城內有各個王朝修建的宮殿、清真寺等，又被稱為「博物館城」。帖木兒出身於蒙古巴魯剌思氏部落，1369 年建立了帖木兒帝國。1402 年在安卡拉戰役大敗奧斯曼帝國，使其帝國成為了從帕米爾高原到小亞細亞、阿拉伯半島的大帝國。

帖木兒畫像 Timurid Portrait

方現實主義和社會主義美術相結合。20世紀初，蘇聯社會主義熱愛新生活的主題性創作得到了中亞藝術家們的積極回應。20世紀末，隨著烏茲別克斯坦獨立，當代藝術著重體現烏茲別克人民的習俗和信仰，反映了在烏茲別克斯坦勞作的不同民族的思維方式和精神文化。

烏茲別克傳統音樂富有節奏感。許多最流行的烏茲別克樂器都有琴絃，如魯巴布琴或杜塔爾琴。歌曲和音樂作品根據其功能和演奏形式可分為拉巴爾和葉來體兩類。拉巴爾是對歌形式，葉來體包含兩類歌曲：單一旋律和獨唱歌伴舞。民族和專業詩人的詩歌為歌曲的詩歌文本提供了素材。埃希來是傳統民間音樂的主要流派。

尼黎木丁•艾利希爾•納瓦依是烏茲別克斯坦最負盛名的詩人，在宗教思想上，納瓦伊深受賈米蘇菲主義思想的影響，對納格什班迪耶教團的學理和修持道路作了發展和闡釋，提出了入世主義的道乘修持原則。他最負盛名的作品是《五詩集》，包括《正直者的不安》《萊伊拉和馬季農》《法爾哈德和希琳》《七行星》《伊斯坎德爾之牆》五部長詩。

Uzbekistan

The art of Uzbekistan can be divided into the period of Islamic art and the period of modern and contemporary art (from the mid-19th century). In the 9th century, Uzbekistan was ruled by the Salman Empire, binding traditional Persian culture with Islamic culture. The later Turkic Dynasty also inherited the Persian Islamic culture of the Samanid Empire, with architecture as the major artistic achievement, particularly the palaces and religious buildings (such as mosques and madrasas). After the Mongols conquered Uzbekistan in the 13th century, Chinese culture began to infiltrate Uzbekistani art. Then, in the mid-19th century, Uzbekistan joined Russia, and characteristic Islamic art was combined with western realism and socialism. In the 20th century, Uzbekistan declared independence. Its contemporary arts placed great emphasis on the customs and beliefs of the people of Uzbekistan. Uzbekistani music is quite similar to that of the Middle East and is characterized by rich rhythms. The poems of national and professional poets carry references to the lyrics used in songs. Ashula is a major school of traditional folk music. Nizām-al-Din Ali-Shir Nava'i was the most prominent poet in Uzbekistan and his most renowned work is the Khamsa (Quintuple).

土庫曼斯坦 Turkmenistan

國家概況

簡 稱：土庫曼斯坦

政 體：總統制共和制

首 都：阿什哈巴德

地理概況

位 置：中亞西南部

國土面積：49.12萬平方公里

氣 候：溫帶大陸性氣候

社會概況

全國人口：約700萬

主要民族：土庫曼族

官方語言：土庫曼語、俄語

主要宗教：伊斯蘭教

經濟概況

支柱產業：油氣

貨　幣：馬納特

約前二千年，古伊朗部落塞西亞人漂流至今土庫曼斯坦地區。前6世紀後，這裡一直被外族人入侵和統治。9世紀到10世紀開始，受塔赫裡王朝、薩曼王朝統治；13世紀到15世紀受蒙古人統治。15世紀左右，土庫曼族基本形成。16世紀到17世紀先後隸屬於希瓦汗國和布哈拉汗國。近代至獨立前部分領土併入俄國。1917年12月建立蘇維埃政權，其領土併入土耳其斯坦蘇維埃社會主義自治共和國、花剌子模和布哈拉蘇維埃人民共和國。1990年8月23日，土庫曼最高蘇維埃透過了國家主權宣言，1991年10月27日宣佈獨立，改國名為土庫曼斯坦。1992年1月6日，中國和土庫曼斯坦建交。2013年9月，中土建立戰略夥伴關係；2014年5月，土庫曼總統別爾德穆哈梅多夫訪華期間，雙方簽署《中土友好合作條約》。

按土庫曼人習慣，在飯桌上吃飯的客人只要不起話頭，主人就不會向客人提問題，因為他們認為應該讓尊敬的客人吃飽飯後，由客人先談話，這是一種禮貌。在交談中，土庫曼人從來不打斷對方的談話。在土庫曼人家裡，在最明顯的位置上，往往擺放著被咬掉幾口的麵餅，這一古老風俗意在緬懷那些出征而未能返家的親人們。

土庫曼人最喜歡羊肉，對羊頭、羊蹄和羊腦髓特別偏愛，甚至奉

為珍品。乳製品、肉製品一般都很受歡迎。家常飯有肉湯泡碎餅、抓飯、烤羊肉等。裡海沿岸的人愛吃魚、通心粉等。他們一般在夏季都喜歡喝冰涼的駱駝奶，平時多喝奶茶。

土庫曼斯坦美食 Food of Turkmenistan

土庫曼男子的民族服裝為用黑色、白色和褐色羊皮縫製的高帽，領口精心修飾的長襯衫，肥大的褲子和東方式的長袍。婦女往往穿著長及腳踝、領口精心繡製的長裙。姑娘喜愛戴頭巾、編辮子並在髮梢綴有各種裝飾。通常用綠色、紫色和藍色等鮮豔的衣料縫製服裝，在冬春季愛穿東方式長袍。新娘的裝飾以獨具特色和紛繁複雜著稱，通常這些飾物用金、銀、銅、鐵等金屬打造。

土庫曼斯坦傳統服飾 Traditional Costume of Turkmenistan

　　土庫曼人大多信奉伊斯蘭教，多屬遜尼派。他們對用手指點著人說話很忌諱，認為這樣有汙辱人的意思。他們避諱用左手遞送東西或食物，認為左手卑賤骯髒，故使用左手為失禮的行為。他們很忌諱在眾人面前耳語，認為有不軌行為的人才會這樣做，也很反感在眾人面前挖鼻孔、抓癢等舉止，認為這是失禮的行為。禁食豬肉，忌食狗肉、驢肉、騾肉及一切自死的動物肉和血液。

　　特色節日

　　新年　　1月1日

　　紀念日　　1月12日

　　國旗日　　2月19日

　　獨立日　　10月27日

　　中立日　　12月12日

　　土庫曼斯坦藝術可以分為遠古文化時期、希臘化文化時代、伊斯

蘭文化時期和19世紀中期至今四個時期。前一千年，土庫曼地區建立了遠古城市，萌生了藝術。前6世紀，土庫曼成為阿契美尼德王朝的一部分，阿契美尼德藝術開始影響土庫曼。前4世紀至前5世紀，土庫曼先後隸屬於馬其頓帝國、塞琉古王朝、大夏王朝等希臘化帝國，希臘文化進入土庫曼。6世紀開始，土庫曼併入伊朗薩珊王朝，波斯文化開始統治土庫曼。13世紀後，受到蒙古帶來的中國文化影響。20世紀初，土庫曼併入俄國，文化被俄羅斯化。蘇聯解體後，土庫曼文化迎來新的發展。

遠古文化時期（前10世紀—前6世紀）

前一千年，土庫曼地區建立了遠古城市，其藝術在與同時代的伊朗阿赫美尼德藝術和斯基泰藝術的聯繫中發展，主要受到斯基泰藝術的影響。其特點是將寫實主義或自然主義的藝術改變為以裝飾為目的的藝術。草原上的美學流行了幾百年，最初以兩種趨勢出現：一種是受到亞述—阿契美尼德文化和希臘文明的週期性因素影響的寫實主義的趨勢，另一種是裝飾主義的趨勢，它把前一種趨勢歪曲、改變形式以達到純裝飾的目的。

希臘化文化時期（前6世紀—6世紀）

前6世紀，土庫曼成為阿契美尼德王朝的一部分，阿契美尼德藝術開始影響土庫曼。在阿契美尼德王朝時期，藝術的最大成就為建築和雕刻。建築風格具有西亞、埃及、希臘及亞述文明的特點。雕刻內容的政治宣傳色彩濃厚，無不體現著至高無上的王權思想。拜火教主神阿胡拉•馬茲達及與他相關的宗教故事和帝王擊潰猛獸圖是雕刻中常見的題材。

前二世紀至前四世紀，土庫曼先後被馬其頓帝國、塞琉古王朝、大夏王朝等希臘帝國統治，進入古希臘羅馬式藝術的發展時期，明顯地受到東方希臘化時代的影響。這個東方希臘化時代，繪畫大多為水彩壁畫，充滿中東地方特色，底色不是單色調，而呈暖色調，整個畫

面沒有空白處，繪畫手法也受到埃及繪畫藝術作品情調的影響，人物表現得冷漠、呆板。題材為東方希臘神話和史詩，許多地區的壁畫反映

庫尼亞—烏爾根奇 Kunya-Urgench

庫尼亞—烏爾根奇位於阿姆河下游，隸屬於土庫曼斯坦的達紹古茲州，曾是古代花剌子模王國的首都，絲綢之路在中亞地區的重要節點之一。該城擁有一系列11世紀至16世紀時期的建築，特別是伊斯蘭建築。

了當地的世俗生活。建築具有典型的希臘藝術風格。

四世紀至五世紀是土庫曼藝術的危機時期，與社會歷史的破壞性劇變有關。六世紀，土庫曼藝術被波斯薩珊王朝統治，這一時期，建築普遍採用了拱頂結構的民族傳統，完全摒棄了羅馬特色。雕塑以摩崖浮雕為主，表現了諸王的王權神授和戰爭勝利場面，吸收了羅馬浮雕的敘事型構圖和寫實性技巧，同時體現了波斯藝術的裝飾性和平面性特點。

伊斯蘭文化時期（7世紀中期—19世紀）

7世紀中期開始，阿拉伯人統治波斯，土庫曼文明進入波斯伊斯蘭時代。細密畫是伊斯蘭藝術的主要代表，它以書籍插圖為主，主要描繪歷史和生活題材，通常描繪非宗教的波斯、中亞或印度的寓言、傳說、愛情詩篇及帝王、英雄的傳記。在色彩和造型上往往追求想像和抽象的美而不講寫實。自13世紀中葉起，蒙古人統治了波斯，出現了一批具有細密畫的色調和中國畫的畫風的混合風格的作品。特別在描繪自然景物方面從寓意轉向寫實，尤其是動物，畫得生動紮實，逗人喜愛，保留了古老的繪畫傳統。作品多用鋪滿彩色的背景，以紅色、赭黃色和金色為主。衣服上的蓮花圖案和巨大的牡丹花背景也是中國畫的風格。巨幅繪畫拋棄了與古希臘羅馬藝術傳統有關的選題彩畫，題材具有浪漫主義色彩。

獨立柱 Arch of Neutrality

獨立柱位於阿什哈巴德市城南，3個柱體支撐腳代表土庫曼斯坦3個不可分割的基礎：獨立、中立和民族團結。塔基上方的塔柱高91公尺，象徵著土庫曼斯坦於1991年獲得獨立。19世紀中期至今

19世紀中葉，土庫曼斯坦加入俄國，藝術被俄羅斯化，將伊斯蘭教特色與西方現實主義美術相結合。20 世紀初，蘇聯社會主義熱愛新生活的主題性創作得到了中亞藝術家們的積極回應。畫家伊•納•克雷

切夫曾以組畫《我的土庫曼》獲1967年度的「蘇聯國家獎金」。20世紀末，隨著土庫曼斯坦獨立，當代藝術著重體現土庫曼人民的習俗和信仰。

土庫曼古老的文學作品中往往帶有強烈的伊斯蘭教精神，如j十五世紀維帕伊的詩集《伊斯蘭的明燈》。最著名的詩人是十八世紀著名民間詩人馬赫圖姆庫裡，他採用傳統的賦比興的民歌手法，排賦恢弘，比喻親切，起興流暢，代表作為《希望得到一件外套》《土庫曼的......》等。

地毯是土庫曼人的驕傲，也是民族象徵，每年5月的最後一個星期日是土庫曼斯坦的地毯節。

Turkmenistan

Turkmenistan's artistic development can be divided into the ancient era, the oriental Hellenistic era, the Islamic civilization era, and the modern era. In 1000 BC, the Turkmen region established an ancient urban-centered school of art, mainly influenced by Scythian art. In the 6th century BC, Achaemenid arts began to influence Turkmen art. The architectural style at that time had the cultural characteristics of western Asia, Egypt, Greece, and Assyria. From the 4th century to the 2nd century BC, Turkmenistan was significantly affected by the oriental Hellenistic era. Major themes included oriental Greek mythology and epics, and architecture exhibited an archetypal Greek style. In the mid-7th century, Turkmenistan entered the Persian-Islamic era. During this time, literary works often displayed a strong Islamic spirit. Miniatures were the mainstream art form at the time. From the mid-13th century, a great number of paintings began to emerge in a style that involved a mix of miniatures and Chinese painting.

In the mid-19th century, Turkmenistan was conquered by Russia · and its art came to be Russianized, resulting in a style that involved an integration of the characteristics of Islam, western realism, and socialism. By the end of the 20th century, with the independence of Turkmenistan, the artistic creations gradually diversified and the artistic forms became increasingly rich, covering subjects that reflected real life, religion, history, and the future, as well as some that broke the boundaries of time and space.

高加索與東歐平原六國

　　位於高加索山區的格魯吉亞、亞美尼亞、阿塞拜疆三國和位於東歐平原的烏克蘭、白俄羅斯、莫爾達瓦三國文化藝術受俄羅斯影響深遠。

　　高加索三國處於歐亞交界處，這裡自古以來就是東西方文化交流的重要通道，而山區相對閉塞的自然環境又為文化的保存創造了便利條件。這裡保留了大量傳統藝術形式，如阿塞拜疆的地毯編製技藝和微型畫作品、格魯吉亞的精美酒具，在工藝美術領域都是非常具有代表性的。亞美尼亞的山谷則保留了很多中世紀的東正教修道院，像著名的哈格派特修道院和沙那欣修道院，都建於十世紀，將拜占庭教堂的建築風格和高加索地區本地的建築風格融為一體，最能代表古代高加索地區高超的建築水準。成為蘇聯加盟共和國後，高加索三國的藝術特色受到一定影響。蘇聯解體後，高加索三國的民族藝術呈現復興之勢。

　　東歐三國，在歷史上長期受到俄羅斯帝國的統治，在文化藝術方面受俄羅斯的影響深刻，尤其是烏克蘭、白俄羅斯兩國的藝術發展與俄羅斯的藝術發展緊密交織在一起。古代俄羅斯就是在基輔羅斯的基礎上發展起來的，烏克蘭首都基輔是俄羅斯早期的文化藝術中心，保留著很多歷史建築傑作，比如世界聞名的聖索菲亞大教堂，俄羅斯文學的傑出代表果戈裡出生並成長於今天的烏克蘭境內。白俄羅斯早期曾是波蘭的一部分，18世紀成為俄羅斯帝國屬地之後，其繪畫、建築、音樂、文學均打上了俄羅斯的烙印。莫爾達瓦在歷史上分屬俄羅斯和羅馬尼亞，其藝術風格既有俄羅斯的印記，又有羅馬尼亞的影子。蘇聯解體後，東歐三國均在探索民族藝術的發展道路。

阿塞拜疆共和國 The Republic of Azerbaijan

國家概況

簡 稱：阿塞拜疆

政 體：總統制共和制

首 都：巴庫

地理概況

位 置：外高加索東南部

國土面積：8.66萬平方公里

氣 候：中部和東部為乾燥性氣候，東南部降雨較為充沛

社會概況

全國人口：約959萬人

主要民族：阿塞拜疆族

官方語言：阿塞拜疆語

主要宗教：伊斯蘭教

經濟概況

支柱產業：工業、服務業

貨 幣：阿塞拜疆馬納特

阿塞拜疆族形成於11世紀至13世紀。13世紀至16世紀屢遭外族入侵和瓜分。16世紀至18世紀受伊朗薩法維王朝統治。18世紀中期分裂為十幾個封建小國。19世紀30年代，北阿塞拜疆（現阿塞拜疆共和國）併入沙俄。1917年11月建立蘇維埃政權——巴庫公社。1918年5月28日，阿資產階級成立阿塞拜疆民主共和國。1920年4月28日被阿塞拜疆蘇維埃社會主義共和國取代。1922年3月12日加入外高加索蘇維埃社會主義聯邦共和國（同年12月該聯邦加入蘇聯）。1936年12月5日改為直屬蘇聯的加盟共和國。1991年2月6日改國名為「阿塞拜疆共和國」，10月18日正式獨立。

1992年4月2日，中國和阿塞拜疆建交。兩國關係發展順利，高層交往密切。

阿塞拜疆人在社交場合與客人相見時，多以握手為禮。與親朋好友相見時，一般以右手按胸施30度鞠躬禮，同時說聲祝願的話，再施握手禮，握手後還要施吻禮（互吻手背）。一般家庭內的人相互見面時多施吻禮，幼者要吻長者的手背，長者吻幼者的額頭或眼睛。

　　阿塞拜疆飲食既有東方特色又別具一格，風味菜餚在高加索地區久負盛名。取材主要是牛、羊、家禽等肉類以及裡海的魚類，並配有各種蔬菜。阿塞拜疆傳統食物是麵包、烤大餅、小餃子湯、葡萄葉包肉餡、奶油、酸牛奶等。節日或家庭喜慶日吃手抓飯、烤制的甜食。

阿塞拜疆美食Food of Azerbaijan

　　男子著白色短袖布襯衫、寬襠褲、緞文布長外衣，腰佩短劍或彎刀，戴毛皮高帽，穿毛襪、軟皮靴。女子著齊腰棉布襯衫、帶褶的長裙，紮綢子頭巾，穿毛襪和平底皮鞋，腰部系飾有銀帶扣和金屬片的寬皮帶，戴金絲耳環、手鐲、項鍊等飾物。

阿塞拜疆民族服裝 National Costume of Azerbaijan

　　阿塞拜疆人絕大多數信奉伊斯蘭教什葉派。他們對左手傳遞東西或食物很反感。認為左手卑賤，用其待人是極不禮貌的。他們對在眾人面前挖鼻孔、掏耳朵、擤鼻子等做法很看不慣，認為這是有失禮貌的舉止。他們忌諱數字「13」，認為「13」兆凶，會給人帶來不幸和災禍。他們忌諱和厭惡黑色，認為黑色是不祥的色彩。阿塞拜疆人禁食豬肉，忌食驢肉、狗肉和騾肉，也不吃自然死亡的動物肉和血液。

特色節日

國慶日　5月28日

戈布斯坦巖石藝術文化景觀 Gobustan Rock Art Cultural
Landscape

　　戈布斯坦山區彙集了石器時代及其後各個時期古阿塞拜疆人的遺
蹟，巖畫題材十分廣泛，其中包括各種動物、古代部落的圖騰、乘
「吉格里斯」船航行等圖案及原始人狩獵、歌舞、收割的場面，這些
原始社會的文物反映了古阿塞拜疆人的生活、文化、世界觀、風俗、
習慣等。

　　阿塞拜疆藝術是在古代阿塞拜疆和伊朗統治時期的基礎上發展起
來的。阿塞拜疆人創造了一種豐富而獨特的文化，主要是裝飾和應用
藝術。這種形式的藝術植根於古代各種各樣的手工藝品，如珠寶鏤
刻、金屬雕刻、木雕、石雕、骨雕、地毯製作、印刷、編織和刺繡
等。

　　阿塞拜疆古代美術可追溯到前4世紀至前1世紀高加索山區的巖

畫，巖石上雕刻或者繪有鹿、山羊、牛、狗、蛇、鳥和奇妙的事物，同一時期還有各種各樣形狀的陶瓷物品，經考古認證屬於高加索阿爾巴尼亞文化。這些作品形式精美，裝飾精細。

中世紀阿塞拜疆許多城市生產地毯、藝術陶瓷罐、金銀物品等。阿塞拜疆是一個編織地毯的古老中心，其地毯圖案精美、種類繁多。2010年，阿塞拜疆地毯編織藝術被列入世界非物質文化遺產名單。

波斯微型畫在阿塞拜疆境內的發展源於中世紀。手稿和微型畫人、動物和風景很受歡迎。15世紀中期，一種新的風格—「土庫曼風格」在各個州傳播開來。這種微型畫風格繁榮在大不裡士和其他幾個位於今阿塞拜疆境內的城市。《考斯洛盛會》是尼扎米甘伽維的《霍斯魯和西琳》中細密畫插圖，畫家為烏雷克•穆尼斯維，繪於16世紀70年代。《霍斯魯和西琳》是根據波斯真實故事改編的愛情敘事詩，創作於10世紀。

考斯洛盛會Khosrowan a Feast

希爾凡王宮 Shirvanshah's Palace

建於15世紀的希爾凡宮是一座典型的阿塞拜疆式宮殿，也是巴庫城的標誌性建築。宮殿背靠陡峭的懸崖，整個建築由經過打磨的石灰石建造，呈現出一種金赭色，顯得富麗堂皇。

阿塞拜疆的視覺藝術在19世紀得到了新的發展。阿塞拜疆視覺藝術起源於這一時期的架上繪畫，其中部分藝術家的作品也明顯反映出某些中世紀藝術的特質。

阿塞拜疆獨立後，民族藝術得到進一步發展。巴庫現代藝術博物館是一座位於阿塞拜疆首都巴庫的藝術博物館，成立於2009年，由兒童美術、影視播放廳、咖啡館、餐廳、圖書館、書店等組成。巴庫現代藝術博物以收藏二十世紀後半期的藝術作品為主，目前館藏約800件，大部分由阿塞拜疆知名畫家和雕塑家創作。

自古以來，民間創作在阿塞拜疆文學中就佔有重要地位。大量的

詩歌、童話、諺語都出自民間詩人之口。由於受到阿拉伯、波斯的入侵和文化的影響，歷史上許多阿塞拜疆詩人、學者都用阿拉伯文和波斯文寫作。阿塞拜疆的民間創作和文學的發展是同阿塞拜疆人民抗擊外族侵略、爭取獨立的鬥爭分不開的，最古老的作品《阿維斯陀》就是一部描寫阿塞拜疆人與波斯佔領者進行鬥爭的故事。14世紀產生了著名詩人涅西米（約1369—1417），他是最早用阿塞拜疆文創作詩歌的人。古典詩歌的革新是在16世紀至17世紀實現的。後來，描寫人民生活的詩歌增多，詩歌的形式趨於質樸，語言漸趨明快。阿塞拜疆建立蘇維埃政權以後，文學取得巨大發展，尤其是20世紀30年代，人才輩出。蘇聯解體後，阿塞拜疆文學走上獨立發展的道路。

Azerbaijan

Azerbaijani art was developed based on the history of ancient Azerbaijan and Iranian Azerbaijan. Decorative and applied arts were the dominant forms of Azerbaijani art. Ancient Azerbaijani art is rooted in the rich and mysterious cave paintings in the Caucasus Mountains during the 4th century to the 1st century BC. The ceramic crafts created during the same period displayed references to Caucasian Albanian culture, with perfect form and refined decorations. Many Azerbaijani cities in the Middle Ages produced a variety of exquisitely designed carpets. In 2010, the Azerbaijani art of carpet weaving was listed as an Intangible Cultural Heritage. New progressive visual arts were developed in Azerbaijan in the 19th century; however, the level of development of realistic easel painting was quite low.

亞美尼亞共和國 The Republic of Armenia

國家概況

簡 稱：亞美尼亞

政 體：總統制共和制

首 都：葉裏溫

地理概況

位 置：外高加索南部

國土面積：2.97萬平方公里

氣 候：亞熱帶氣候、寒帶氣候

社會概況

全國人口：約300萬

主要民族：亞美尼亞族

官方語言：亞美尼亞語

主要宗教：基督教

經濟概況

支柱產業：農業

貨 幣：德拉姆

前9世紀至前6世紀，在亞美尼亞境內出現了奴隸制的烏拉杜國。前6世紀至3世紀建立大亞美尼亞國。此後，亞美尼亞兩次被土耳其和伊朗瓜分。1804年至1828年，兩次俄伊戰爭以伊朗失敗而告終，原伊朗佔領的東亞美尼亞併入沙俄。1918年5月28日，達什納克楚瓊黨領導建立了亞美尼亞第一共和國。1920年1月29日成立亞美尼亞蘇維埃社會主義共和國。1922年3月，亞加入外高加索蘇維埃社會主義聯邦共和國，同年12月30日以該聯邦成員國身份加入蘇聯。1936年12月5日，亞美尼亞蘇維埃社會主義共和國改為直屬蘇聯，成為其加盟共和國之一。1990年8月23日，亞美尼亞最高蘇維埃透過獨立宣言，改國名為「亞美尼亞共和國」。1991年9月21日，亞美尼亞舉行全民公決，正式宣佈獨立。1992年4月6日中亞建交。兩國關係發展順利，高層交往密切，在各領域的友好合作迅速發展，兩國人民的傳統友誼不斷加深。

亞美尼亞人在社交場合與客人見面時多施握手禮，也施擁抱禮。和親朋好友相見時用親吻禮。

亞美尼亞人的食物豐富多樣。傳統菜餚有加入麥粒的熱優酪乳汁、用鐵簽穿著輔以上好佐料的烤肉、「多爾瑪」（用葡萄葉裹著大米和各種餡料的菜卷）、「丘伏塔」（經攪拌又嫩又軟的牛肉餅）和圓形薄餅「拉瓦什」等。

亞美尼亞特色食品 Special Food of Armenia

　　亞美尼亞的民族服裝獨具特色。男子身穿短上衣，配燈籠褲，外罩毛料長袍，頭戴皮毛；女子身穿繡花襯衣，外罩短上衣，配燈籠褲，頭戴小塔形絲綢帽。

亞美尼亞傳統服飾 Traditional Costume of Armenia

亞美尼亞人對「13」和「星期五」非常忌諱。認為遇到「13」將會發生不幸，若「13」日與「星期五」重逢，更是個令人可怕的日子。他們認為使用左手為客人服務是不禮貌的。忌諱用一根火柴給三個人點煙，認為這樣是失禮的。

特色節日

國慶日　9月21日

加爾尼神廟Garni Temple

　　加爾尼神廟建於前3世紀，是高加索地區現存的唯一一座非基督教神廟，供奉的是太陽神，其建築風格受到希臘雅典神廟的強烈影響。

亞美尼亞國土面積雖小，卻對世界美術史作出了重大貢獻。亞美尼亞藝術大致可分為四個時期：前阿拉伯時期、王國時期、封建時期和20世紀初至今。

前阿拉伯時期（1—5世紀）

這一時期的藝術以建築和雕塑為主。由波斯與希臘—羅馬風格逐漸轉變到以基督教題材為主的風格。這一時期著名的波斯與希臘—羅馬風格建築有加爾尼神廟。加爾尼神廟供奉的是古亞美尼亞神話的太陽女神密特拉，但是建築形制採用了羅馬的圍柱式。比起建築，加爾尼神廟的雕刻裝飾更吸引人們的注意，它們屬於很典型的羅馬帝國藝術風格。古代亞美尼亞的文學作品流傳下來的有神話、傳說、故事以及流浪的民間歌手「古薩恩」創作的歌曲。

王國時期（6—9世紀）

王國時期的建築依舊以宗教建築為主。這一時期的建築類型發生了變化：巴西里卡式的平面被廢棄；單殿式建築依舊數目眾多，尤其是在瓦斯普里坎最為常見；內接十字形的平面獲得了發展。這一時期還同時出現了特有的十字架石和抄本彩繪。

封建時期（9—20世紀）

這一時期修道院開始逐漸興盛，格加爾德修道院擁有非凡的巖洞教堂和墳墓，是中世紀亞美尼亞修道院迄今整體建築和裝飾藝術保存最好、最完整的代表，其不拘一格、開拓創新的建築風格對此後這一地區的建築形式產生了深遠影響。哈格派特修道院是建於10世紀的拜占庭式建築，在基烏里克王朝繁榮時期（10世紀到13世紀）是當時重要的學府。同時期的沙那欣修道院以其註釋學學校和書法學校而舉世聞名。這兩個修道院建築群融匯拜占庭教會建築風格和高加索地區本土傳統建築風格，形成自己獨特的藝術風格，代表了亞美尼亞宗教建築的頂尖水準。9世紀至10世紀時出現的史詩《薩遜的大衛》被認為是古代亞美尼亞民間文學創作的高峰，它描繪了亞美尼亞人民反對阿拉

伯哈里發壓迫的鬥爭。此後幾個世紀，亞美尼亞人民遭遇國家分裂、民族遷徙的厄運，宗教文學逐漸衰落，世俗文學代之興起。

這一時期的雕刻技藝逐漸趨於獨立，雕刻的裝飾手法也變得更加多樣。從中還可以發現以拜占庭、美索不達米亞以及伊朗為仲介的草原藝術。此外，受到格魯吉亞人的影響，教堂壁畫也逐漸興盛。教堂壁畫保存較為完好的兩座教堂是科巴爾大教堂和聖格列高利教堂。

20世紀初至今

這一時期的建築依舊以教堂和修道院為主，外部的裝飾題材發生了變化，多選用幾何圖形和植物紋樣。這一時期阿拉伯卷草紋佔據了統治地位。十字架石也延續了前代的藝術，技藝也更加熟練精湛。繪畫方面仍以壁畫為主，受到多個地區風格的影響，風格出現歐化。

19世紀出現了哈恰圖爾•阿博維揚，他是新的亞美尼亞文學的奠基人。十月革命之後，亞美尼亞文學成為蘇聯文學的一部分。亞美尼亞獨立之後，民族文學開始了新的發展。

格加爾德修道院 Geghard Monastery

格加爾德（Geghard）意為「聖矛」，指的是耶穌被釘十字架時，羅馬士兵用來刺耶穌的矛。聖矛的頭部在13世紀從耶路撒冷被帶到亞美尼亞，存放在這座修道院中。格加爾德修道院的中心教堂建於1215年，它是中世紀亞美尼亞修道院整體建築和裝飾藝術保存得最完好的代表。

Armenia

Armenian art history can be divided into four phases: the pre-Arab era, the Kingdom era, the feudal era, and the modern era. Architecture and sculpture were major art forms during the pre-Arab era. Then, the focus of Armenian art began to shift from a Persian/ Greco-Roman style to themes of Christianity. The most famous Persian/Greco-Roman piece of architecture in the country is the Temple of Garni, which adopted the column styles of ancient Roman architecture. Religious buildings were still dominant during the Kingdom era; however, the architectural style shifted during this period: the Basilica style layout was abandoned, but there were still a large number of single-nave buildings, especially in the Vaspurakan region. During the feudal period, monasteries began to flourish. In terms of its overall architecture and decorative arts, the Geghard monastery, with its remarkable cave churches and tombs, is the best preserved Armenian monastery from the Middle Ages. Modern Armenian architecture is still dominated by churches and monasteries, however, the external decorative themes have changed, with geometric patterns and floral motifs now applied. Mural paintings are still the predominant decorative style; however, the painting styles have become heavily influenced by European trends.

格魯吉亞 Georgia

國家概況

簡 稱：格魯吉亞

政 體：總統制共和制

首 都：第比利斯

地理概況

位 置：南高加索中西部

國土面積：6.97萬平方公里

氣 候：亞熱帶海洋性氣候

社會概況

全國人口：約372萬

主要民族：格魯吉亞族

官方語言：魯吉亞語

主要宗教：東正教

經濟概況

支柱產業：工業、農業和旅遊業

貨 幣：拉里

　　前6世紀，現格魯吉亞境內建立了奴隸制的科爾希達王國。4世紀至6世紀建立封建國家。6世紀至10世紀基本形成格魯吉亞族，8世紀至9世紀初建立卡赫齊亞、愛列京、陶-克拉爾哲季封建公國和阿布哈茲王國。19世紀初，格魯吉亞被沙皇俄國兼併。1918年5月26日，格宣佈成立格魯吉亞民主共和國，即第一共和國，並得到世界多數國家承認。1922年3月12日，格魯吉亞加入外高加索蘇維埃社會主義聯邦共和國，並於同年12月作為該聯邦成員加入蘇聯。1936年12月5日，格魯吉亞蘇維埃社會主義共和國改為直屬蘇聯，成為其加盟共和國之一。1990年11月4日發表獨立宣言，改國名為「格魯吉亞共和國」。1991年4月9日正式宣佈獨立。1995年8月24日透過新憲法，國名定為「格魯吉亞」。1992年6月9日中格建交。

　　格魯吉亞人在與客人相見時，一般都以握手為禮，他們習慣手握得緊些，目光要友好地註視對方。在與親朋好友相見時，也常施擁抱禮或親吻禮。格魯吉亞的伊斯蘭教徒在為親友或賓客送行時，常以兩手交叉胸前，施90度鞠躬禮，以表示他們對客人的敬重。

格魯吉亞人喜歡用核桃、菠菜、水果、禽類及各種香料烹製菜餚。他們愛吃串烤類食品，對椒鹽雞塊更為偏愛。他們日常多以俄式西餐為主，對中餐也頗感興趣，用餐多以刀叉作餐具，格魯吉亞人主食有小麥、玉米、馬鈴薯和姆恰迪（一種麵食）等。

哈洽布利 Khachapuri Penovari

　　格魯吉亞男子的傳統服裝是「卓卡」敞襟長上衣、大褲襠燈籠褲、長統皮靴、氈帽或毛皮帽；婦女喜穿寬大的長連衣裙、繡花襯衫，系寬腰帶，戴三角巾，外罩繡花帽圈，穿皮靴。

格魯吉亞傳統服飾Traditional Costume of Georgia

　　格魯吉亞大多數人信仰東正教，少數人信仰基督教和伊斯蘭教。許多人認為「13」這個數字很不吉利。伊斯蘭教徒禁食豬肉、驢肉，也忌食一切自然死亡的動物及動物血液。他們厭惡黑色，尤其對黑貓更為討厭。如果送花，一般不要送菊花和白色、紫色的花。同他們交談時，不要詢問對方的年齡、工作經歷等情況，也不要涉及民族和宗教方面的問題。

特色節日

國慶日　　5月26日

姆茨赫塔古城 The City-Museum Reserve of Mtskheta

　　姆茨赫塔是格魯吉亞的古都，位於庫拉河右岸，是古代貿易之路的交叉點。古城是中世紀高加索地區宗教建築的傑出典範，見證了格魯吉亞王朝的繁榮文化與精美藝術。

　　格魯吉亞是一個有特殊文化的古國。它地處歐亞交界，擁有三千多年的悠久歷史和燦爛文化。4世紀，格魯吉亞宗教作品創作繁榮，其中包括教堂、寺廟以及藝術作品的創作，例如格魯吉亞聖人聖徒傳。7世紀至8世紀曾被阿拉伯帝國納入版圖，但格魯吉亞文化受伊斯蘭教文化影響並不深。從那時起，格魯吉亞文化的發展與拜占庭的競爭越來越多。在9世紀至10世紀，文學和繪畫支持了格魯吉亞和格魯吉亞語區域勢力的團結統一，以及解放運動的廣泛傳播。同時，當時的藝術創作也用於與許多周邊國家的交流。

　　格魯吉亞的金工、陶藝、織物等工藝美術品頗負盛名，在與人們密切相關的日常生活中反映和體現出美感與價值。12世紀至13世紀，格魯吉亞進入強盛時期，經濟繁榮，產生了偉大的藝術與哲學文化。另外，隨著格魯吉亞葡萄酒釀造的盛行，很多陶制酒具線條簡潔，造

型完美，呈深棕或灰黑色，成為非常精美的藝術品。

　　格魯吉亞文學歷史十分悠久。從古代開始，歌謠、故事、神話、英雄傳說等就在民間流傳。隨著封建關係的發展和基督教的傳入，5世紀出現教會文學。12世紀肖•魯斯塔維裡的長篇敘事詩《虎皮武士》富於愛國精神，影響深遠。外來勢力的入侵長時期阻礙了格魯吉亞文學的發展，至17世紀才漸趨復興。17世紀至18世紀，擺脫奴役，爭取解放，成為格魯吉亞文學的主題。格魯吉亞建立蘇維埃政權後，文學上進入了新的時期。格魯吉亞作家描寫格魯吉亞歷史，批判社會不良現象，取得了較高成就。

酒具 Giant Clay Pots

　　格魯吉亞葡萄酒一直以其優異的品質與烏克蘭巧克力、白俄羅斯餅乾和立陶宛的乳酪齊名。至今格魯吉亞葡萄酒釀造還保留著古樸的痕跡，比如把陶制酒缸埋在地下來釀造葡萄酒的古老工藝。

Georgia

Georgia's unique geographical location makes it a wonder of Eurasian culture. The 4th century witnessed a boom in Georgian religious work, including churches, temples, and other artistic creations, such as The Saints of Georgia. The conquest of Georgia by the Arabs in the 7th century and the spread of Islamic culture in the 8th century erased obvious traces of native Georgian culture. Georgian arts and crafts, including metalwork, pottery, and textiles were greatly admired, reflecting the beauty and value of people's daily lives. Later, winemaking became popular in Georgia. Much of its ceramic drinkware were exquisite works of art, with simple lines and perfect shapes and dark brown or dark gray colors.

烏克蘭 Ukraine

國家概況

簡 稱：烏克蘭

政 體：半總統制共和制

首都：基輔

地理概況

位 置：歐洲東部

國土面積：60.37萬平方公里

氣 候：溫帶大陸性氣候

社會概況

全國人口：約4,555萬

主要民族：烏克蘭族、俄羅斯族

官方語言：烏克蘭語

主要宗教：東正教、天主教

經濟概況

支柱產業：工業、農業、旅遊業

貨 幣：格里夫納

　　舊石器時代早期，烏克蘭現疆域內就存在古代人類活動的痕跡。
「烏克蘭」一詞最早見於《羅斯史記》（1187年），意為「邊陲之
地」。1237年至1241年蒙古欽察汗國（拔都）西征佔領基輔。之後立
陶宛大公國和波蘭先後統治烏克蘭。1654年，烏克蘭哥薩克首領赫梅
利尼茨基與俄羅斯沙皇簽訂《佩列亞斯拉夫合約》，烏俄正式合併。
此後，烏克蘭雖曾有過自己的政府，但未起過實質性作用。1922年加
入蘇聯（西部烏克蘭1939年加入）。1990年7月16日，烏克蘭最高蘇
維埃透過《烏克蘭國家主權宣言》。1991年8月24日，烏克蘭宣佈獨

立。1992年1月4日，中國和烏克蘭建交。2001年兩國建立全面友好合作關係，2011年建立戰略夥伴關係。兩國在各領域友好互利合作發展迅速，烏克蘭對華貿易始終保持增長，中國是烏第二大交易夥伴，也是烏在亞洲最大的交易夥伴。

在烏克蘭，陌生人相見時一般稱呼女士、先生；若是熟人見面，可只稱其本名，這樣顯得關係親密；若是兄弟姐妹之間相稱，一般喜歡用昵稱。握手和擁抱是當地居民相見時最普遍的見面禮。他們不怠慢任何客人，非常樂意廣交朋友。在社交場合，客人可做自我介紹，如果對方未做自我介紹，不必直接詢問，可向第三者打聽。

按烏克蘭人的習慣，午餐、晚餐通常有三道菜。頭道、二道為主菜。頭道菜是熱湯類，如湯菜、紅甜菜湯等。二道菜一般是肉、魚、禽、蛋製品。三道菜通常是水果、甜食或飲料。在吃頭道菜前，還可以有冷盤。麵包主要在上頭菜時食用。烏克蘭人以麵包、牛奶、馬鈴薯、牛肉、豬肉和乳製品為主要食物。他們愛吃白麵包、黑麵包、薄餅、黃油、酸牛奶、酸黃瓜、魚子醬、鹹魚、番茄、黃瓜、乾酪等。湯菜有甜菜湯、馬鈴薯湯。一般不吃烏賊、海蜇、海參和木耳。飲料有格瓦斯、茶、咖啡等，他們愛飲伏特加酒和啤酒。

烏克蘭男子多穿襯衫長褲，外罩坎肩。女子穿的襯衫，在袖口、領子、肩部、胸部及衣襟等處均繡有各種花紋圖案。過節時少女戴上用鮮花和樹枝編成的花冠。已婚婦女戴包髮帽或紮花頭巾。

著傳統服裝的烏克蘭女性 Ukrainian Women with Traditional Costume

烏克蘭東正教耶誕節 Ukraine Orthodox Christianity Christmas

大多數烏克蘭人忌諱「13」和「星期五」。他們喜歡藍色和黃色，對紅色和白色也很感興趣，但許多人對黑色不感興趣。送禮時注意不送菊花，送花不要成偶數。

特色節日

國慶日　8月24日

　　烏克蘭是一個年輕的國家，同時也是一個擁有悠久歷史的國家。多數史料證明，烏克蘭起源於9世紀中晚期羅斯王國的建立。而烏克蘭藝術真正發展是從俄羅斯帝國時期開始的。烏克蘭的藝術發展大致可分為兩個階段，即「歸屬於俄羅斯帝國時期」和「獨立後時期」，但不論是獨立前還是獨立後，俄羅斯對其影響皆深遠持久。

　　歸屬於俄羅斯帝國時期（17—20世紀）

　　受俄羅斯影響，這一時期肖像畫十分流行。這一時期的建築有聖喬治大教堂。聖喬治大教堂建於聖喬治山上，是烏克蘭最重要的天主教活動中心，裡面埋葬著烏克蘭天主教會的知名人士。這是一座巴羅克—洛可哥風格的教堂。最早的木結構建築始建於1280年，遭毀後於1746—1762年重建。正門上方的聖利奧和聖亞他那雕像值得留意。內部的陳列糅合了天主教和東正教的風格。始建於11世紀的聖索菲亞大教堂是基輔的標誌性建築，也是傳統的東正教的主要避難所之一。該教堂的建設在烏克蘭文化藝術發展中具有重要意義，影響了文學、繪畫、建築、製圖、實用藝術等多個方面。蘇聯統治時期的烏克蘭轉向寫實風格。

　　20世紀末至今

　　1991年烏克蘭獨立後，與西方國家的文化交流日益頻繁。很多藝術家開始追求國家獨立後的民族革新觀念，探索新的藝術表現形式。在這種民族思想促進下，烏克蘭藝術家對藝術的感悟更強烈，並開始探索西歐的藝術流派，這給烏克蘭的藝術思想注入了靈感與新鮮的血液。

　　烏克蘭的民族文化具有悠久的歷史和深厚的底蘊，在現代戲劇、

電影、文學、美術、建築等方面都有較高造詣。其文化源遠流長，油畫、舞蹈和音樂等在國際上享有盛譽。烏克蘭國立藝術學院、柴可夫斯基音樂學院、基輔音樂學院、基輔國立芭蕾舞學院、烏克蘭基輔民族藝術學院等都是世界知名的培養藝術家的搖籃。俄羅斯文學之父果戈理從烏克蘭走向世界，烏克蘭也是托爾斯泰名著《復活》的歷史舞臺。

聖索菲亞大教堂Saint-Sophia Cathedral

基輔的聖索菲亞大教堂始建於11世紀，這裡曾是東正教的中心教堂，也是拜占庭帝國極盛時代的紀念碑。聖索菲亞大教堂作為一座雄偉壯麗的建築古蹟，歷經宗教鬥爭與歷史的滄桑，而她的美麗莊嚴，依然震撼人心。

Ukraine

Ukraine is a young country with a long history. Its artistic development can be divided into two stages: the reign of the Russian Empire and the post-independence period, which still bears a far-reaching and lasting Russian influence. Under the rule of the Russian Empire, portraits became very popular. The architecture from this period includes St. George's Cathedral, which is Ukraine's most important center of Catholic activity and contains the graves of many dignitaries of the Ukrainian Catholic Church. Following Ukrainian independence in 1991, many artists began to pursue the concept of National Revival and explored new forms of artistic expression. Facilitated by these concepts of nationalism, Ukrainian artists began to explore western European schools of art, bringing inspiration and freshness to Ukrainian artistic notions.

白俄羅斯共和國 The Republic of Belarus

國家概況

簡 稱：白俄羅斯

政 體：總統制共和制

首 都：明斯克

地理概況

位 置：東歐平原西部

國土面積：20.76萬平方公里

氣 候：溫帶大陸性氣候

社會概況

全國人口：約950.5萬

主要民族：白俄羅斯族、俄羅斯族

官方語言：白俄羅斯語、俄語

主要宗教：東正教

經濟概況

支柱產業：工業、農業

貨 幣：白俄羅斯盧布

　　白俄羅斯人是東斯拉夫族的一支。862年，白俄羅斯土地上建成波洛茨克城堡。9世紀至12世紀，以該城堡為中心形成波洛茨克公國。13世紀上半葉形成白俄羅斯語言文字。13世紀中期至18世紀末先後歸屬立陶宛大公國和立陶宛—波蘭王國等。18世紀起併入俄羅斯帝國。1918年3月，親德的白俄羅斯全體會議執行委員會在德占區宣佈成立白俄羅斯人民共和國。1919年1月，白俄羅斯蘇維埃社會主義共和國成立。1990年7月27日，白俄羅斯最高蘇維埃透過國家主權宣言。1991年12月8日，廢除1922年加入蘇聯時簽訂的條約，12月19日改名為白俄羅斯共和國。1992 年1月20日，中國與白俄羅斯建交。建交後，兩國關係發展順利，高層互訪頻繁，雙邊貿易穩步發展，並積極開展人文交往與合作。

白俄羅斯人在社交場合與客人相見時，大多慣以握手為禮，也習慣以擁抱禮會見客人。白俄羅斯人對親朋好友間的相見，一般慣施親吻禮：長輩對晚輩一般以吻額為最親切；朋友之間，一般都吻面頰；男子對尊敬的婦女，多施吻手禮；夫婦或情侶之間施吻唇禮。

　　白俄羅斯人愛吃黑麥糊和用麵粉、馬鈴薯做成的薄餅；喜歡優酪乳、奶渣、乾酪；特別愛喝湯類，如涼拌甜湯、白菜湯等。他們平時以俄式西餐為主，愛吃黑麵包，慣於用刀叉作餐具。

餃子Dumplings

　　白俄羅斯人素來愛穿白衣服。男子穿白色亞麻布繡花襯衫，系彩色腰帶，外套坎肩，下穿白色燈籠褲，紮白色裹腿，腳蹬皮靴，頭戴氈帽、皮帽或草帽。婦女的傳統民族服裝豔而不俗，上穿白色繡花襯衣，下穿條紋或方紋圖案的白色大長裙，腰繫毛織小花圍裙，再配上五彩絨線織成的腰帶，頭戴花頭巾，腳穿皮靴或皮鞋，顯得既健美又

活潑。

白俄羅斯少女 Byelorussian Girls

　　多數白俄羅斯人信仰東正教，西北地方的人則多信天主教。他們對鹽十分崇拜，認為鹽能驅邪除災，對把鹽碰撒比較忌諱，認為其為不祥的預兆。他們忌諱以黃色的薔薇花為贈禮，認為這是斷絕友誼的象徵。他們對數字「13」很討厭，認為「13」是個兇數，會給人以大禍臨頭的印象或給人帶來災難。他們對以左手進行社交活動的人很反感，認為使用左手是不禮貌的舉止。他們忌諱黑色，尤其見到黑貓，更會使他們感到沮喪。

　　特色節日

　　國慶日　7月3日

米爾城堡 Mir Castle Complex

米爾城堡位於白俄羅斯首都明斯克，建於15世紀末，是中歐城堡建築的傑出典範，融合了哥特式文化、巴羅克式文化及文藝復興式文化的藝術風格，四面體的牆身和八角的塔頂，各不相同的塔樓裝飾，為米爾城堡賦予了特別的美麗。

白俄羅斯形成於13世紀到14世紀，在歷史上曾經是波蘭、立陶宛的屬地，18世紀以後成為俄羅斯的一部分。其藝術受到俄羅斯的影響，繪畫、音樂、舞蹈都帶有俄羅斯藝術的印記。白俄羅斯建築的傑出代表是明斯克附近的米爾城堡建築群，這一建築群融合了哥特式、文藝復興、巴羅克式時期風格，是中東歐城堡的典範。花邊藝術是白俄羅斯非常有代表性的民族傳統手工藝，白俄羅斯人民毫不掩飾他們對本民族花邊藝術的熱愛：他們不僅用花邊裝飾自己的衣裙、裝點生活家居，還把花邊應用在城市建築裝飾和教堂彩繪上，甚至將花邊圖案運用在了自己國家的國旗、錢幣和郵票上。

白俄羅斯獨立後，民族藝術得到前所未有的發展。當代白俄羅斯藝術家通常被視為傳統主義者。這一點從其對古典具象繪畫形式的堅

持中可找到解釋。傳統的白俄羅斯藝術流派，沒有因循常見的學術發展道路，對歐洲經驗的借鑒，促使白俄羅斯藝術家在本國藝術發展實踐中尋找新的形式。基於本民族藝術傳統的自由再現和詮釋，使白俄羅斯藝術家有別於歐洲其他國家的藝術大師們。

　　白俄羅斯文學起源於豐富的民間口頭文學和基輔羅斯文學，由於受到強國的壓制，書面文學發展並不順利，在民間文學中保存著反抗民族壓迫的精神。十月革命之後，白俄羅斯文學成為蘇聯文學的一部分，形成革命文學的繁榮期。蘇聯解體後，白俄羅斯文學走上獨立發展的新道路。

　　白俄羅斯少女身穿的民族服裝裝飾著美麗的花邊Byelorussian Girls In National Costume with the Beautiful Lace

Belarus

Belarus was founded somewhere between the 13th and 14th

centuries. Prior to this, it belonged to the territories of Poland and Lithuania. After the 18th century, Belarus became part of the Russian Empire, and its painting, music, and dance came to be influenced by Russian art. One excellent representative of Belarusian architecture is the Mir Castle Complex, which is close to Minsk. It is a complex of buildings that is a blend of Gothic, Baroque, and Renaissance styles, and is a typical example of castles in Central and Eastern Europe. Belarusian literature originated from folk tales and the literature of Kievan Rus'. In response to oppression from political powers, Belarusian folk literature became laced with perseverance and embraced a strong spirit of resistance, maintaining its survival. After the October Revolution, Belarusian literature became part of Soviet literature. However, after the disintegration of the Soviet Union, Belarusian literature embarked upon a new direction of independent development.

莫爾達瓦共和國 The Republic of Moldova

國家概況

簡 稱：莫爾達瓦

政 體：議會制共和制

首 都：基希訥烏

地理概況

位 置：東南歐北部

國土面積：3.38萬平方公里

氣 候：溫帶大陸性氣候

社會概況

全國人口：約355.76萬

主要民族：莫爾達瓦族

官方語言：莫爾達瓦語

主要宗教：東正教

經濟概況

支柱產業：農業

貨 幣：莫爾達瓦列伊

莫爾達瓦人的祖先為達契亞人。1359年，莫爾達瓦人在喀爾巴阡山以東至德涅斯特河之間的大部分領土上建立了莫爾達瓦公國。1487年，摩公國淪為奧斯曼帝國附庸，一直延續到18世紀。1812年，沙俄透過對土耳其戰爭的勝利，將摩公國比薩拉比亞劃入俄國版圖。1918年1月比薩拉比亞宣佈獨立，3月與羅馬尼亞合併。1940年6月，蘇聯進駐比薩拉比亞，成立了摩爾達維亞蘇維埃社會主義共和國。1990年6月，摩爾達維亞蘇維埃社會主義共和國更名為莫爾達瓦蘇維埃社會主義共和國，1991年5月23日再次更名為莫爾達瓦共和國，1991年8月27日宣佈獨立。

1992年1月30日，中國與莫爾達瓦建交。兩國友好合作關係發展順利，政治互信不斷加深，各領域合作逐步擴大，在重大國際和地區問題上相互支援。

莫爾達瓦人見面主要以握手禮、貼面禮和擁抱為主，而且男士要親吻女士的手。在莫爾達瓦的公共場所，特別是在教堂、影劇院、餐

廳、公共汽車內不應大聲喧嘩。低聲細語符合當地人的日常習慣，否則容易引起旁人的反感。

　　莫爾達瓦人的主食是麵包，喜食各種素菜、炸肉、羊肉和乳製品。傳統民族食品是熱玉米麵粥，佐以羊奶乾酪、油炸洋蔥、黃油、番茄等。典型的食品是菜湯、熏魚、醃肉、乳酪夾心青椒、用葡萄葉卷肉做成的菜卷、洋蔥末拌豌豆、蒜泥等。他們醃製的小菜品種繁多，味道鮮美，釀製的葡萄酒酸甜可口，酒香沁人心脾。

　　莫爾達瓦民族形成了獨具特色的民族服飾。成年男子穿白長衫和白褲子，外套呢制的西裝背心，入冬穿皮坎肩或毛坎肩，著短羊皮襖，頭戴小羊皮帽，腳登自製皮靴，腰間束紅色、綠色或藍色寬腰帶。男用腰帶不僅具有實用價值，而且具有極強的裝飾性。婦女頭紮大方巾，上身穿白底彩繡衫衣，外套過膝寬下襬裙，裙外紮毛料或亞麻布的圍裙。

婚禮前的莫爾達瓦新娘 Moldovan Bride before the Wedding

莫爾達瓦服飾Moldovan Costume

莫爾達瓦人非常好客，客人不應拒絕主人的盛情，而應與主人乾杯，一飲而盡，以示對主人的友好和尊重。同桌進餐時，主人忌諱別人玩弄刀叉或磕碰餐具，端起盤子吃菜喝湯也是很不雅觀的，喝湯、吃麵不能發出聲響。莫爾達瓦人忌諱「13」這個數字，認為這是兇險和死亡的象徵，相反卻喜歡「7」這個數字，認為7能帶來成功和幸福。

特色節日

國慶日　　8月27日

莫爾達瓦位於烏克蘭與羅馬尼亞之間，歷史上曾分屬羅馬尼亞和蘇聯，因此，許多民俗既有俄羅斯的風格，又有羅馬尼亞的影子。莫爾達瓦各民族人民能歌善舞，愛好文學藝術，其文學藝術成就得到了國際社會的承認。

莫爾達瓦繪畫和工藝美術作品最早見於舊石器時代晚期和新石器時期。特利波裏耶文化時期的陶器多種多樣，繪有複雜風景、人物和動物。前二千年至前一千年，造型藝術的成就主要體現在金屬裝飾

品、武器、陶製品和銅製品的造型上。11世紀上半葉，陶製器皿以及金、銀、銅製的飾針、耳環、手鐲、扣環等均已達到了很高的藝術水準。斯拉夫人帶來陶制工藝品和器皿，廣泛傳播古羅斯文化，促進了該地區珠寶加工業、石刻業、骨刻業的發展。13世紀至14世紀，莫爾達瓦的實用裝飾藝術受到拜占庭和東方伊斯蘭教藝術的影響。15世紀至16世紀留下了很多富有節奏感的植物花紋圖案、色彩和諧的小型彩繪畫。17世紀，彩繪畫更加富有表現力，十分接近彩繪刺繡的風格。在卡沙內的烏斯佩尼耶教堂裡保存的18世紀的教會長老畫像即是這種繪畫風格的生動體現。在這幅壁畫中，拜占庭晚期的藝術風格和巴爾幹傳統繪畫技法交融在一起，體現了民族藝術的魅力。18世紀末至19世紀初的聖像畫，人物畫像的尺寸一般偏大。19世紀下半葉，出現了一批職業畫家，成立了繪畫學校，並經常舉辦美術作品展覽。19世紀末20世紀初，在巡迴展覽派藝術家的影響下，莫爾達瓦美術界創作了一批現實主義風景畫、風俗畫和肖像畫。20世紀40年代，美術受到現代派的影響，但是現實主義的畫派仍然是美術界的主流。

　　莫爾達瓦的音樂發展和東斯拉夫等民族的音樂發展密切相關。最古老的歌曲大多是勞動號子和禮儀歌曲（如搖籃曲、婚禮曲、葬禮曲等）。抒情敘事詩類的歌曲以歌頌人民反對異族侵略和封建貴族的鬥爭為主。歌曲的主人翁大多是農民起義中的英雄。在莫爾達瓦民間音樂創作中，生活歌曲（如抒情詩、詼諧歌曲、祝酒歌等）和合唱歌曲占主導地位，其中「多依那」是流傳最為廣泛、獨具特色的一種民歌形式。18世紀末至19世紀初，浪漫的愛情對歌在莫爾達瓦流行。19世紀，莫爾達瓦民歌先是受十二月黨人和平民知識份子歌曲的影響，然後受俄羅斯無產階級革命歌曲的影響。

斯特凡大公紀念碑 The Monument of Stefan Cel Mare

紀念碑由莫爾達瓦雕塑家亞歷山德魯•普拉瑪迪拉於1923年設計，1927年雕刻完成，1928年4月對外開放，以紀念斯特凡大公誕辰470週年。

Moldova

Historically, Moldova belonged to Romania and then the Soviet Union. Therefore, its folk customs are colored by both Russian and Romanian styles. The early achievements of Moldovan plastic art is mainly reflected in metal ornaments, weapons, pottery, and copper crafts. From the 13th to the 14th centuries, practical decorative art was influenced by the Byzantine and Oriental Islamic arts. Between the 15th and the 18th centuries, many rhythmic, floral-patterned paintings were produced and color paintings became more expressive. From the late 18th to the 19th centuries, icon portrait paintings became more popular, and a number of professional painters emerged. By the late 19th and early 20th centuries, the Moldovan art world created a number of realistic landscapes, genre paintings, and portraits.

中東歐十六國

　　中東歐包括波羅的海三國及其與歐洲西部發達國家之間的經濟轉型國家，包括中歐四國和巴爾幹半島九國。這些國家大多是領土面積不大的單一民族國家，在文化上既不同於亞洲各國，也與歐洲西部國家有著顯著區別。

　　波羅的海三國是一個相對獨立的文化單元，在歷史上受俄羅斯影響較深，蘇聯解體後其文化的民族性有所增強，分別走上獨立發展的道路。

　　中歐國家裡，波蘭領土面積最大。歷史上波蘭人命運多舛，多次被強鄰瓜分，但波蘭文化一直保持著鮮明的民族特色，像古城克拉科夫的古典建築具有很高的藝術水準。波蘭還孕育了蕭邦等著名音樂家、顯克微支等著名文學家，當代波蘭影視藝術方面亦人才輩出，出現了基耶斯洛夫斯基等世界級導演。捷克是中歐另一個文化資源豐富的國家，布拉格的古典建築令人歎為觀止，德沃夏克等捷克音樂家、米蘭•昆德拉等捷克文學家享譽世界。匈牙利與周邊國家有較大的文化差異，這裡的繪畫和建築富有民族特色，匈牙利的音樂家李斯特世界聞名。

　　巴爾幹半島國家以羅馬尼亞面積最大。羅馬尼亞藝術在歷史上長期受到拜占庭藝術的影響，19世紀以後發展出自身的民族特色。保加利亞曾先後屬於拜占庭帝國和奧斯曼土耳其帝國，該國的藝術是斯拉夫藝術與拜占庭藝術、伊斯蘭藝術交融的產物。阿爾巴尼亞也曾被奧斯曼土耳其統治近五百年，19世紀後期開始邁向民族文化復興的進程。巴爾幹半島的其他六國，均屬斯拉夫人，歷史上也曾先後被拜占庭帝國和奧斯曼帝國統治，20世紀曾先後組成南斯拉夫王國和南斯拉夫聯邦共和國，在藝術發展方面相似性較多，南斯拉夫解體之後，各

自走上獨立發展的道路。

波蘭共和國 The Republic of Poland

國家概況

簡 稱：波蘭

政 體：半總統制共和制

首 都：華沙

地理概況

位 置：歐洲中部

國土面積：31.27萬平方公里

氣 候：溫帶闊葉林氣候

社會概況

全國人口：約3,843萬

主要民族：波蘭族

官方語言：波蘭語

主要宗教：天主教

經濟概況

支柱產業：工業

貨 幣：茲羅提

波蘭起源於西斯拉夫人中的波蘭、維斯瓦、西裏西亞等部落的聯盟。9世紀、10世紀建立封建王朝，14世紀、15世紀進入鼎盛時期，18世紀下半葉開始衰落。1772年、1793年和1795年三次被沙俄、普魯士和奧匈帝國瓜分，1918年11月11日恢復獨立。1939年9月1日，法西斯德國入侵波蘭，第二次世界大戰全面爆發。戰後建立波蘭共和國，後改名為波蘭人民共和國。1989年12月29日，又改為波蘭共和國。中國和波蘭於1949年10月7日建交，兩國之間有傳統的友好關係。近年來，兩國高層互訪頻繁。中國和波蘭之間文化交流也日益密切。自2011年開始，中國文化部主辦的「歡樂春節•波蘭行」活動在波蘭已成功舉辦多屆。2015年12月1日，在波蘭西北部城市斯武普斯克舉行了「波蘭—中國合作協會」成立大會。協會的成立旨在透過加深雙方的瞭解，促進兩國在各領域的友好關係。

以三色菫為主題製作的銀幣 Take Pansy as the Subject to make Sliver Coins

波蘭最常用的見面禮節有吻手禮和擁抱禮。親朋好友相見時，常施擁抱禮；而吻手禮則多見於一些高雅的社交活動場合。他們最喜歡三色菫，並將其定為國花，給波蘭人送鮮花時一般要送奇數。

波蘭人平時以吃麵食為主，愛吃烤、煮、燴的菜餚，口味較淡；在飲料方面，愛喝咖啡和紅茶。波蘭伏特加在全世界享有盛譽。

波蘭伏特加 Vodka of Poland

　按照波蘭的禮俗，各種正式場合均宜穿保守式樣的西裝，逢重大活動，則常在請柬上註明對來賓著裝的要求。

　在飲食禁忌方面，波蘭人一般都忌吃動物內臟（肝、牛肚除外），也不太喜歡吃動物身體的一些特殊部位，如舌頭、蹄爪、尾巴等。波蘭人比較忌諱「13」這個數字，忌在13日舉行任何禮儀性活動。

　特色節日

　國慶日　5月3日

　獨立日　11月11日

　波蘭的文化經歷了兩個時期，一是貴族文化時期，二是民族文化時期。從966年波蘭大公梅什科一世建立封建早期的波蘭國家起，波蘭

的貴族們因為地位和資源掌控，擁有文化的話語權，而民族意識最早也是在貴族之間萌生。19世紀中葉，波蘭從封建社會進入資本主義社會之後，貴族文化在長期的封建社會中早已滲透，已經成為波蘭的全民文化，也是波蘭民族文化的一部分。

貴族文化時期（9—19世紀）

9世紀、10世紀，波蘭建立封建王朝。14世紀、15世紀進入鼎盛時期，克拉科夫的聖瑪利亞教堂的主體14世紀末期完成，為哥德式建築，塔尖上的金冠代表當時波蘭女王瑪麗亞的王權。17世紀和18世紀上半葉，由於政治經濟的衰落，天主教勢力的加強，洛可哥和巴羅克風格盛行，聖十字教堂（初建於15世紀，主體建於1679—1696年）矗立於波蘭首都華沙市中心，是華沙最著名的巴羅克教堂之一。

波蘭音樂是歐洲斯拉夫民族最古老的音樂文化之一，它的發展同歐洲其他民族音樂的發展有密切關係。17世紀和18世紀上半葉波蘭的音樂文化發展一度緩慢，18世紀後半葉，由於啟蒙運動思想的影響，特別是由於外國侵略引起民族意識的加強，波蘭民族音樂又得到了迅速發展。

民族文化時期（19世紀至今）

19世紀40年代之前，波蘭的民族藝術處在萌發時期，這時國家處在分裂狀態中，大部分有才能的藝術家流亡國外，而在波蘭的宮廷裡有不少從外國來的畫家，如來自義大利的馬•巴切列裡和來自法國的雅•諾爾布林等人。這些外國人對波蘭民族藝術的復興有一定的貢獻，起了先驅者的作用。這時期本民族畫家有著名的浪漫主義畫家彼•米哈洛夫斯基、弗•皮瓦爾斯基等人。其中米哈洛夫斯基尤為著名，善於畫人物，他很擅長捕捉人物一剎那的動態，曾畫過一系列騎手的形象，活潑生動，有著不同的姿態，畫面上的色調豐富、明亮且富有變化。19世紀40年代，隨著民族運動的高漲，波蘭民族藝術的發展進入了一個新的階段，這一階段一直延續到1863年。

聖瑪利亞教堂 St. Mary's Basilica

聖瑪利亞教堂，是波蘭城市克拉科夫的一座磚砌哥德式教堂，初建於13世紀早期，興建於14世紀，位於中央集市廣場。以法伊特•施托斯的哥德式木製祭壇而著稱，裡面保存著大量珍貴的藝術品，包括精美的雕塑和繪畫。

華沙聖十字教堂 Holy Cross Church

聖十字教堂矗立於波蘭首都華沙市中心，位於克拉科夫郊區街，是華沙最著名的巴羅克教堂之一。在這座聖堂裡，蕭邦曾不止一次地做過祈禱。蕭邦去世後，人們遵照他生前要求，將他的心臟裝在甕裡並帶到華沙，封在聖十字教堂的柱子裡。很多優秀的畫家，如沃•格爾遜、蓋•羅達柯夫斯基等。1863年的民族大起義激勵了波蘭人民，這一時期的波蘭藝術家的作品大都充滿了愛國主義的激情以及對社會黑暗現象的批判。最傑出的藝術家有亞•考特塞斯、尤•赫裡蒙斯基、馬•格雷姆斯基以及著名的歷史畫畫家揚•馬特義科等。

蕭邦是歷史上最具影響力和最受歡迎的鋼琴作曲家之一，是波蘭音樂史上最重要的人物之一，歐洲19世紀浪漫主義音樂的代表人物。他的作品以波蘭民間歌舞為基礎，同時又深受巴赫影響，多以鋼琴曲為主，被譽為「浪漫主義鋼琴詩人」。19世紀末20世紀初，在音樂創作方面的重要人物有瓦•澤倫斯基、齊•諾斯科夫斯基等人。

弗裡德裏克• 弗朗索瓦• 蕭邦 Fryderyk Franciszek Chopin 1810—1849

蕭邦的音樂被稱為「花叢中的大砲」，他的藝術扎根於波蘭文化，充滿著對祖國的熱愛。蕭邦已經超越音樂的範疇，與天文學家哥白尼、物理學家居裏夫人一起，成為波蘭的國家名片。

近代波蘭湧現出密茨凱維奇、顯克微支等著名的文學家，他們的作品充滿民主主義和愛國主義思想，代表了波蘭文學的輝煌成就。波蘭獨立後，文學獲得了新的發展機遇。

　　當代波蘭的電影藝術較為發達，產生了剋日斯托夫•基耶斯洛夫斯基這樣的世界級導演，他的《藍》《白》《紅》「顏色三部曲」和系列短片《十誡》享譽全球。創立於1985年的華沙國際電影節是中東歐最著名的藝術盛會之一。

剋日什托夫• 基耶斯洛夫斯基 Krzysztof Kieslowski 1941—1996

　　基耶斯洛夫斯基被譽為「深紫色的敘事思想家」「電影詩人」，他用電影來講述個人的精神世界，他的作品植根於歐洲的歷史文化，具有強烈的藝術特色，獲得了一系列國際大獎。

動物金字塔/ 卡塔姿娜•科茲拉 Pyramid of Animals / Katarzyna Kozyra

　　《動物金字塔》是卡塔姿娜•科茲拉的畢業創作，作品是由一匹馬、一隻狗、一隻貓和一隻公雞的解剖動物組成，主題取材於格林童話，表現了人類工業社會的快速發展對動物界造成的殘害。這件作品不僅是關於動物的生存，同時也是關於殺害在當代語境中的意義。

　　術館、波蘭羅茲美術館、波蘭密茨凱維奇學院聯合舉辦的「生活狀態：全球環境中的波蘭當代藝術」展覽開幕，此次展覽共展出波蘭

藝術家創作的七十餘件當代藝術作品，作品類型涵蓋繪畫、裝置、影像等，由此展示波蘭當代藝術家觀察和體驗生活的狀態，呈現波蘭當代藝術的最新態勢與成果。

Poland

Polish culture experienced two periods: the period of aristocratic culture and the period of national culture. Since 966 AD, when Duke Mieszko I established the early feudal state of Poland, the Polish nobles used their social status and control of resources to control cultural trends. The earliest form of national consciousness was also initiated among the nobles. Before the 1840s, Polish national art remained in a state of germination. The nation was split and the majority of talented artists fled abroad. Concurrently, there were many foreign painters in the Polish court, including Marcello Bacciarelli (from Italy) and Jean-Pierre Norblin (from France).

Frédéric Chopin is one of the most influential and popular piano composers in history, the most important figure in the history of Polish music, and was a representative of romantic music in Europe during the 19thcentury. Modern Poland produced many renowned writers, Adam Mickiewicz and Henryk Sienkiewicz being two such examples, whose work was filled with democratic and patriotic ideologies, representing the brilliant achievements of Polish literature. After Poland acquired independence, its literature acquired new opportunities for development.

捷克共和國 The Czech Republic

國家概況

簡　稱：捷克

政　體：議會制共和制

首　都：布拉格

地理概況

位　置：歐洲中部

國土面積：7.89萬平方公里

氣　候：溫帶大陸性氣候

社會概況

全國人口：約1,057萬

主要民族：捷克族

官方語言：捷克語

主要宗教：天主教

經濟概況

支柱產業：工業、電信產業

貨　幣：捷剋剋朗

　　5世紀至6世紀時，斯拉夫人西遷到今天的捷克和斯洛伐克地區，830年在該地區建立了大摩拉維亞帝國。9世紀末至10世紀上半葉在今捷克地區成立了捷克公國。1620年，捷克被哈布斯堡王朝吞併。第一次世界大戰後捷克與斯洛伐克聯合，於1918年10月28日成立捷克斯洛伐克共和國。第二次世界大戰期間被德國吞併。1945年5月9日，捷在蘇軍幫助下獲得解放。1960年7月改國名為捷克斯洛伐克社會主義共和國。1990年改為捷克和斯洛伐克聯邦共和國。1992年12月31日，聯邦解體。1993年1月1日起，捷克和斯洛伐克分別成為獨立主權國家。1993年1月1日，中國承認捷克獨立並與其建立大使級外交關係。2014年10月，兩國簽署《中華人民共和國文化部和捷克共和國文化部2015—2018年文化合作議定書》等。

　　捷克人重視喜事與喪事，特別重視慶祝50歲生日。捷克人也重視送禮的禮儀，他們為外賓挑選禮物時，一般選擇水晶玻璃製品；贈送鮮花的枝數為單數，白色象徵純潔，紅色象徵熱情。

　　在餐飲禮儀上，捷克人也是有很多講究的。他們的飲食以豬肉為

主，傳統民族菜是烤豬肘、酸菜和饅頭片。捷克餐口味偏鹹，飯菜較油膩。

　　在服飾禮儀上，捷克人認為好好打扮自己不僅是對自己的尊重，也是對他人的尊重，而且這樣還能使得自己更有自信。捷克的婦女大多喜歡具有傳統色彩的黑色或深紅色的裙子。

捷克民族服裝 National Costume of Czech

　　多數捷克人忌諱「13」這一數字。不喜歡別人瞭解個人隱私，尤其不喜歡被打聽薪資收入和女性年齡。捷克人不喜歡柳樹和柳樹製品。

特色節日

捷克國慶日　10月28日

布拉格耶誕節 Prague Christmas

布拉格城堡 Prague Castle

　　布拉格城堡位於捷克伏爾塔瓦河的丘陵上，是捷克的要塞。它始建於9世紀，經過國內外建築師和藝術家的多次改建、裝飾和完善，城堡集中了各個歷史時期的藝術精華，是捷克最吸引人的遊覽勝地之

一。

　　捷克文化屬於斯拉夫文化。10世紀時，西斯拉夫人在這片土地上
建立了捷克公國，後人一般稱「波西米亞王國」。此後捷克受控於神
聖羅馬帝國，受到德意志民族的文化影響。之後，捷克被哈布斯堡王
朝吞併，受控於奧匈帝國，直至第一次世界大戰，奧匈帝國解體，捷
克與斯洛伐克聯合建成捷克斯洛伐克社會主義共和國，開始了社會主
義文化階段。1992年捷克與斯洛伐克分離，捷克斯洛伐克退出歷史舞
臺，但它的文化和情愫至今影響捷克。

　　伏爾塔瓦河丘陵上的布拉格城堡修建於9世紀，在14世紀的查理四
世時代完工，是捷克歷史上歷代統治者的居住和辦公地，現在是捷克
共和國總統的官邸，主要用於外事活動。克魯姆洛夫城堡是僅次於布
拉格城堡的第二大規模的城堡，建於13世紀，此後又經過陸續擴建，
成為了一個各個時代的建築風格巧妙融合在一起的大型建築群，城堡
內收藏有16到18世紀義大利、德國、荷蘭等國繪畫作品4,000餘幅。

聖維塔大教堂 St. Vitus Cathedral

　　聖維塔大教堂是歷代皇帝舉行加冕典禮的場所，有「建築之寶」的美譽，始建於929年，直到1929年正式完工。如今這裡收藏有波希米亞國王查理四世的純金皇冠、金球及權杖，塔頂有文藝復興式樣的大鐘，鐘樓是俯瞰布拉格市景最美的地方。

鐵匠耶合 /卡•普爾金涅 Portrait of a Blacksmith / Karelpurkyne

　　《鐵匠耶合》為布面油畫，作於1860 年。是普爾金涅（1834—1868）效仿庫爾貝用刮刀技法創作的，作品設色濃烈，筆法大膽潑辣，生動地表現了城市最底層人民的生活。

很高藝術價值的是始建於10世紀的聖維塔大教堂，這是座哥德式融合巴羅克式的教堂，教堂的壁畫、石柱、聖殿和精緻的圓頂都值得觀賞。

　　1848年的人民起義進一步促進了民族的覺醒，有不少藝術家不僅用自己的作品歌頌革命，還親自參加了街壘的戰鬥。在19世紀40年代至50年代，民族藝術的先驅之一約•馬涅斯最為著名。約•馬涅斯早期受德國拿撒勒畫派的影響，後來更多地受到民間藝術的感染，形成了獨特的藝術風格。他最著名的作品是為布拉格老城廣場市政廳的鐘樓所作的鐘面組畫，作品風格清新，極具民間色彩。1867年，奧地利在奧普戰爭失敗後，捷克反對奧地利統治的民族運動再次高漲，隨著形勢的風雲變化，19世紀下半期捷克的藝術出現了一片繁榮的景象。在風俗畫方面，19世紀下半期最突出的代表是卡•普爾金涅，他的代表作《鐵匠耶合》生動地描繪了捷克當代工人的形象。被認為最具民族特色的畫家米•阿列什，同時是一位出色的插圖畫家，也是「民族劇院派」最傑出的代表。

　　20世紀初期，捷克湧現出諸多著名的藝術家，其中包括斯拉夫民族歷史畫巨匠阿爾豐斯•穆夏。穆夏是新藝術運動派畫家，其作品吸收了日本木刻對外形和輪廓線優雅的刻畫，拜占庭藝術華美的色彩和幾何裝飾效果，以及巴羅克、洛可哥藝術的細緻而富於肉感的描繪，用感性化的裝飾性線條、簡潔的輪廓線和明快的水彩效果創造了被稱為「穆夏風格」的人物形象。

　　布拉格廣場是捷克20世紀建築最傑出的代表作之一。布拉格廣場位於瓦茨拉夫廣場和查理大橋之間，是整座城市的心臟地帶，廣場周邊建築風格多樣，既有提恩教堂這樣的哥德式建築代表作，也不乏呈巴羅克風格的聖尼古拉教堂。

四季系列 / 阿爾豐斯・穆夏 Four Seasons /Alphonse Maria Mucha

　　穆夏（1860—1939），作品常常由青春美貌的女性和富有裝飾性的曲線流暢的花草組成。其中的女性形象都顯得甜美優雅，身材玲瓏曲致，富有青春的活力，有時還有一頭飄逸柔美的秀髮。

安東•利奧波德•德沃夏克Antonín Leopold Dvořák 1841—1904

德沃夏克從捷克民間音樂汲取營養，他的音樂平易、樸實，富於民族特色，尤其是大提琴協奏曲享譽世界。他多次到歐洲其他國家進行藝術交流，並曾赴美擔任紐約國家音樂學院院長，極大地促進了捷克音樂與世界音樂的交流。

捷克歷史上出現許多才華橫溢的音樂家，如民族音樂的奠基人斯美塔那，代表作有歌劇《被出賣的新娘》等。特別是德沃夏克，他是19世紀世界最重要的作曲家之一，捷克民族樂派的代表人物，代表作有第八、第九交響曲，大提琴協奏曲，歌劇《水仙女》等。

米蘭•昆德拉Milan Kundera 1929—

米蘭•昆德拉非常重視小說的思想價值，其作品飽含哲理。《生命中不能承受之輕》被譽為20世紀最傑出的小說之一。1995年，米蘭•昆德拉獲得捷克政府最高榮譽———功勳獎。

捷克文學有著悠久的傳統，早期文學作品拉丁文占統治地位，13世紀興起騎士文學。14世紀後期興起市民文學。18世紀70年代至19世紀上半葉是捷克民族復興時期，文學重新走向繁榮。約•多布羅夫斯基和約•榮格曼等人，在努力提高捷克語地位、奠定現代捷克語語法基礎和豐富捷克語詞彙方面起了重要作用。此後，捷克文學人才輩出，一

直較為繁榮。第二次世界大戰期間，伏契克在德國秘密員警監獄中所寫的《絞刑架下的報告》，歌頌了共產黨人在跟敵人的鬥爭中表現出的革命英雄主義氣概。捷克當代最著名的作家是米蘭•昆德拉，其代表作有《生活在別處》《笑忘書》《生命中不能承受之輕》等，在世界範圍廣受歡迎。

　　捷克是當今世界文化成就較為突出的國家，捷克藝術界積極開展國際交流。2015年4月25日，大型捷克當代藝術和設計展「象隨心生」在上海當代藝術博物館開幕。17位元捷克藝術家的作品同臺亮相，其中有8位藝術家親臨展覽現場。此次展覽精選了一批卓越的捷克當代藝術作品，既有著名大師的經典之作，也包括中青年藝術家的優秀作品。

Czech Republic

Czech culture exists under the domain of Slavic culture. In the 10th century, the West Slavs established a Czech Duchy on the land, which was later known as the Kingdom of Bohemia. Later, Czech was controlled by the Holy Roman Empire and its culture was influenced by the German nation. After the disintegration of the Austro-Hungarian Empire, Czech and Slovakia jointly built the Czechoslovak Socialist Republic and developed a socialist culture. This lasted until 1992, when the Czech Republic separated from Slovakia. Czechoslovakia was no more; however, its cultural impact and emotional impact still influences the Czechs, even to this day.

A popular uprising in 1848 further facilitated national awakening; in addition to using their work to praise the revolution, many artists even participated in barricade fighting. Josef Mánes was one of the most famous pioneers of Czech national art between the 1840s and 1850s. In 1867, after Austria was defeated in the Austro-Prussian War, the national movement against Austrian rule reintensified in Czech. Because of the change in the situation, Czech art began to blossom in the second half of the 19th century. The most prominent genre painter in the latter half of the 19th century was Karel Purkyně Throughout Czech history, there have been many talented musicians, one of the most representative being Bedřich Smetana.

斯洛伐克共和國
The Slovak Republic

國家概況

簡　稱：斯洛伐克

政　體：議會制共和制

首　都：布拉提斯拉瓦

地理概況

位 置：歐洲中部

國土面積：4.9萬平方公里

氣 候：海洋性向大陸性氣候過渡的溫帶氣候

社會概況

全國人口：約539.7萬

主要民族：斯洛伐克族

官方語言：斯洛伐克語

主要宗教：天主教

經濟概況

支柱產業：汽車、電子產業

貨 幣：歐元

5世紀至6世紀時，西斯拉夫人開始在斯洛伐克定居。830年後成為大摩拉維亞帝國的一部分，906年帝國滅亡後淪於匈牙利人統治之下，後為奧匈帝國的一部分。第一次世界大戰後，奧匈帝國瓦解，1918年10月28日，斯洛伐克和捷克一起組成捷克斯洛伐克。1939 年3月被納粹德國佔領，後建立傀儡的斯洛伐克國。1945年5月9日，捷克斯洛伐克在蘇軍幫助下獲得解放，恢復共同國家。1948年2月，捷克斯洛伐克共產黨執政，1960年改國名為捷克斯洛伐克社會主義共和國。1989 年11月，捷克斯洛伐克政權更迭，改為多黨議會民主和多元化政治體制。1990年3月，改國名為捷克斯洛伐克聯邦共和國，同年4月改為捷克和斯洛伐克聯邦共和國。1992年12月31日，捷克和斯洛伐

克聯邦解體。1993年1月1日起，斯洛伐克共和國成為獨立主權國家並同中國建立大使級外交關係。2014年11月12日，中國與斯洛伐克簽署文化合作計畫。

　　斯洛伐克人性格爽快、平易近人，迎客的最高禮節是穿著民族服裝的青年請客人品嚐麵包和鹽。他們喜歡用「彩蛋」做傳統的裝飾品，喜愛象徵熱情的紅色和象徵高貴的藍色。送給年輕人禮品，特別是祝賀畢業生，大都喜歡選用藍色的禮品。喜歡使用數位「8」、「12」、「14」等。他們偏愛石竹花和玫瑰花，將這兩種花看成是美好的幸福的象徵，並視其為國花。他們喜歡用鮮花、葡萄酒、威士卡和法國白蘭地作禮物。

　　具有斯洛伐克濃郁民族特色的飯菜有義大利麵加羊乳酪醬油、加羊乳酪醬的馬鈴薯湯、鴨肉或鵝肉炒白菜湯糰和馬鈴薯麵團加白菜做成的蓬鬆湯糰。傳統的斯洛伐克菜有蘑菇湯、白菜湯和豆湯。該國盛產的美酒也比較知名，有托考伊或小喀爾巴阡山等許多葡萄種植區。

　　斯洛伐克的民族服裝千層百疊、色彩鮮豔，群體齊舞時色彩繽紛，氣氛活潑。霍恩村的女帽是斯洛伐克人非常熟悉的，婦女結婚之後就開始戴這種帽子。

霍恩村的女帽 Hats of Horn Village

　　斯洛伐克人忌諱數字「13」。他們時間觀念較強，約會最好不要遲到。送花以單數為吉祥，小朵菊類花卉多為掃祭使用，他們認為柳樹雖美但枝條低垂象徵悲哀。他們不喜隨地吐痰，但不忌諱當眾使用手帕擤鼻子。親友之間未經約定也不得登門造訪，朋友之間一般不送重禮。

復活節彩蛋 Easter Eggs

特色節日

國慶日　1月1日

共和國憲法日　9月1日

斯皮思城堡 Spis Castle

　　斯皮思城堡是中歐中世紀最大的城堡。其歷史可追溯到1113 年，當時是建在通往波羅的海重要貿易通道上的一座皇家城堡，城堡的建築與周圍的鄉村風景完美地融合在一起。

　　斯洛伐克的藝術一直受歐洲主流藝術的影響，主要體現在建築方面，可分為中世紀時期、文藝復興時期、18世紀和19世紀以及20世紀至今四個時期。斯洛伐克的很多著名建築在中世紀時期完成，藝術形式為基督教藝術，建築以哥德式為主。文藝復興時期的建築風格多為巴羅克建築，在造型上排斥象徵神權至上的哥特建築風格，提倡復興古羅馬時期的建築形式。進入18世紀，洛可哥美術取代巴羅克在奧地利地區盛行，19世紀，新古典主義進入斯洛伐克。20世紀初，斯洛伐

克進入社會主義，藝術內容主要為描繪捷克斯洛伐克自然風景和具有歷史意義的革命活動。

中世紀時期（9—14世紀）

　　自9世紀起，斯洛伐克先後被大摩拉維亞帝國和匈牙利統治，藝術方面受到中世紀歐洲文明影響，屬於基督教藝術。它不注重客觀世界的真實描寫，而強調所謂精神世界的表現，常常以誇張、變形等手法達到強烈表現的目的。在這一時期，斯洛伐克的主要藝術成就為建築，以哥德式和羅馬風格為主。哥德式建築尖塔高聳、尖形拱門、大窗戶及繪有聖經故事的花窗玻璃，在設計中喜歡利用尖肋拱頂、飛扶壁、修長的束柱以及新的框架結構以增加支撐頂部的力量。羅馬風格採用深受基督教宇宙觀影響的

布拉提斯拉瓦城堡 Bratislava Castle

　　布拉提斯拉瓦城堡位於多瑙河畔古城西邊的一座小山上，土耳其人佔領布達佩斯期間，這裡便是匈牙利王室的避難所。城堡曾經在1811年的火災中被焚燬，在20世紀50年代完成了重建，之後又進行了

新一輪的修復。城堡內有歷史博物館，展出了相當多的歷史文物和複製品。

羅馬式半圓形的拱券結構，用扶壁和肋骨拱來平衡拱頂的橫推力，窗戶很小而且離地面較高，採光少，裡面光線昏暗。1287年，布拉提斯拉瓦城堡在古羅馬人建造的一座簡易要塞基礎上改建而成。城堡形如一張倒置的八仙桌，塔樓四角高聳。斯皮思城堡是中歐中世紀最大的城堡，建於13世紀的聖馬丁教堂曾是為匈牙利國王加冕之所，其與建於1380年、以高聳尖塔聞名遐邇的聖約翰教堂都是哥德式建築。

古羅馬人於14世紀建造了哥德式小鎮巴爾代約夫。繪畫則多為出現在彩色玻璃窗建築內部的哥德式繪畫，野蠻怪誕，缺乏藝術趣味，複雜而多裝飾，以頻繁使用縱向延伸的線條為特徵。

文藝復興時期（15—17世紀）

這一時期，斯洛伐克隨匈牙利歸奧地利君主管轄，並在1867年成為奧匈帝國的一部分。其藝術主要受到奧地利和其他奧匈帝國國家影響，建於16世紀的羅蘭噴泉和建於18世紀的主教宮都是巴羅克式建築。巴羅克建築一反文藝復興時期的莊重、和諧與結構清晰的特點，旨在復興羅馬人文主義建築，追求結構複雜多變，配以大量

羅蘭噴泉 Roland Fountain

羅蘭噴泉又稱「馬克西米利噴泉」，建於1527年，由雕刻大師A. Lutringer 設計，形象為一個身披重甲的騎士，坐落於老城區市政廳廣場。它不僅是布拉提斯拉瓦最著名的噴泉，也是該城市的重要地標之一。

雕塑和裝飾效果。其特點是外形自由，追求動態，喜好富麗的裝飾和雕刻，色彩強烈，常用穿插的曲面和橢圓形空間。在18世紀，洛可哥風格遍及歐洲並盛行於奧地利地區，特徵是輕結構的花園式府邸，風格以貝殼和巴羅克風格的趣味性結合為主，室內用明快的色彩和纖巧的裝飾，傢俱非常精緻甚至於繁瑣，裝飾細膩柔媚，常常採用不對稱手法，但有時流於矯揉造作。1760年，洛可哥式的宮殿格拉蘇爾科維奇宮由匈牙利宮廷議會領袖格拉蘇爾科維奇公爵下令興建。

繪畫選用鮮明的顏色和精緻的曲線構圖，以上流社會男女的享樂生活為內容，描繪全裸或者半裸的婦女和精美華麗的裝飾，再配以秀美的自然景色或精美的人文景觀。

18世紀和19世紀

18世紀和19世紀之交，斯洛伐克誕生了最早的詩人揚•霍利，他的詩作大多歌頌古代斯拉夫人的勇敢精神。19世紀30年代，愛國主義戲劇出現。40年代，民族文學蓬勃發展，主題為反對民族壓迫，渴求民族解放。19世紀，斯洛伐克依然在奧地利統治之下並成為奧匈帝國的一部分，藝術方面更多受新古典主義的影響。著名的古典劇場國家歌劇院於19世紀末被維也納建築師改造成如今的新古典主義建築風格。它從風格與題材方面模仿古代藝術，吸取古典建築的傳統構圖作為其特色，比例工整嚴謹，造型簡潔輕快，運用傳統美學法則使現代的材料和結構產生美感，以神似代替形似。

新古典主義繪畫內容為古代歷史和現實的重大事件，形式上強調理性而非感性的表現；在構圖上強調完整性；在造型上重視素描和輪

廓，注重雕塑般的人物形象，而對色彩不太重視。

20世紀至今

　　第一次世界大戰之後，奧匈帝國瓦解，斯洛伐克進入社會主義，與捷克組成捷克斯洛伐克共和國，開始出現了反映無產階級革命鬥爭的文學。作家彼•伊倫尼茨基、弗•克拉爾和無產階級詩人揚•波尼昌、拉•諾沃麥斯基等人以《人群》雜誌為園地發表作品，為無產階級文學的產生和發展奠定了基礎。

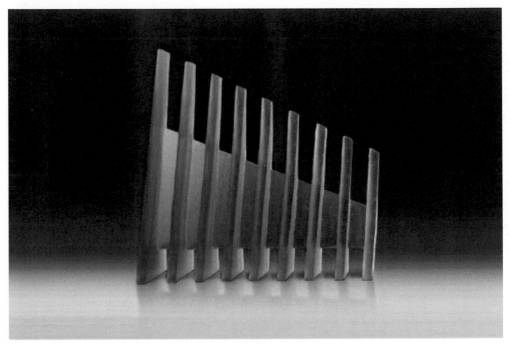

藍色的橋/左拉•帕洛娃 Blue bridge / Zora Palova

　　左拉•帕洛娃（1947—　）師從「玻璃藝術之父」瓦茨拉夫•齊格勒，其創作結構源自捷克斯洛伐克的特色建築，再把對自然和身心的聯想賦予作品新的生命，表現出強勁的律動感。作為歐洲玻璃藝術界的代表人物，左拉•帕洛娃的作品屢獲重要獎項。

　　解放之後，藝術內容多為歌頌人民領袖，描繪具有重大意義的歷

史事件。代表作品有約•多波洛夫爾納的青銅雕塑《哥德瓦爾德總統像》和維•何洛奇的系列銅版畫《反法西斯鬥爭》。繪畫多為描繪捷克斯洛伐克的自然風光。

1993 年，斯洛伐克獨立成為斯洛伐克共和國，當代藝術主要成就為玻璃藝術，以左拉•帕洛娃為代表的傑出藝術家作品被全世界知名博物館收藏。2013年，《斯洛伐克當代玻璃藝術展》在上海舉辦，集中展示了斯洛伐克國際著名玻璃藝術家創作成就。

斯洛伐克音樂深受東方民歌因素的影響，曲調比較自由，節奏也不有序，沒有明顯的重音，結構上也頗獨特，收束感不明顯。在調式上小調佔優勢，但也常使用呂底亞、密克索呂底亞調式。音樂的風格常常是憂鬱、壓抑的，很富於情感表現。

Slovakia

Art in Slovakia has been influenced by mainstream European arts, particularly architecture. Many famous buildings were completed in the Middle Ages and featured Christian art with a Gothic architectural style. The notable features of the Renaissance are realism and humanism, and buildings mostly adopted a Baroque style. The Gothic architectural style that represented theocratic supremacy was rejected and the revival of Roman architectural forms was promoted instead.

Since the 9th century, Slovakia has been under the control of the Great Moravian Empire and Hungary. Affected by medieval European civilization, at that time Slovakian art was rooted in Christian art, which ignored the true depiction the objective world and stressed manifestation of the spiritual world. This art form tended to apply exaggeration and deformation to achieve stronger expression.

Slovakian art in the Renaissance era was mainly influenced by imperial Austria and other countries of the Austro-Hungarian Empire. The Roland Fountain of the 16th century and the Primate's Palace of the 18th century were both designed in a Baroque style. Drastically different from the style of the Renaissance era, when the emphasis was on solemnness, harmony, and clear structures, Baroque architecture pursued complex and diversified structures, boasting numerous sculptures and decorative effects, The building were free-flowing in design, dynamic, and richly decorated while also featuring carvings and intense colors.

In the 18th century, the Rococo style became popular throughout Europe and dominated Austrian regions. These buildings were characterized as lightly structured garden-like mansions. In 1760, under the order of the chairman of the Hungarian Royal Chamber, Count Anton Grassalkovič, a Rococo style palace, the Grassalkovich Palace, was constructed. The paintings during this period were composed of bright colors and delicate curves, representing the luxurious lives of upper-class men and women, typically illustrating naked or half-naked women with gorgeous ornaments in beautiful natural scenery, or a fine cultural landscape. At the turn of the 19th century, Slovakia produced its first poet, Ján Holly.

In the early 20th century, Slovakia entered the era of socialism, and formed the Republic of Czechoslovakia together with the Czech Republic. Literature reflecting the proletarian revolutionary struggle also came into being. Writers including Peter Jilemnický and Fraňo Kráľ and proletarian poets including

Ján Rob Poničan and Laco Novomeský utilized the journal Dav as a channel to publish their work and laid the foundation for the emergence and development of proletarian literature.

匈牙利 Hungary

國家概況

簡 稱：匈牙利

政 體：議會制共和制

首 都：布達佩斯

地理概況

位 置：歐洲中部

國土面積：9.3萬平方公里

氣候：溫帶大陸性氣候

社會概況

全國人口：約987.7萬

主要民族：匈牙利（馬紮爾）族

官方語言：匈牙利語

主要宗教：天主教

匈牙利民族的遊牧部落於9世紀末10世紀初從南俄草原西遷多瑙河中遊，11世紀初各部落統一，建立了國家。1699年由哈布斯堡王朝統治。1848年爆發革命自由鬥爭。1849年4月，匈國會透過獨立宣言，建立了匈牙利共和國，1867年與奧地利組成奧匈帝國，第一次世界大戰後奧匈帝國解體。1918年10月31日成立匈牙利民主共和國，1919年8月恢復為君主立憲的匈牙利王國。1946年2月1日宣佈廢除君主制，成立匈牙利共和國，此後幾經改易，2012年定為「匈牙利」。

經濟概況

支柱產業：農業

貨幣：匈牙利福林

中國和匈牙利於1949年10月6日建立外交關係。多年來，兩國保持著良好的雙邊關係。中匈兩國在經貿、文化、科技、社會各個領域展開了廣泛的交流。對於匈牙利人來說，音樂是一種長期以來受到民眾喜愛的藝術形式，在促進彼此文化交流上造成了積極的作用。中匈兩國政府和民間加強音樂交流無疑對增進文化認同和民眾理解有著事半功倍的效果。

匈牙利人注意舉止得體，體態端莊。他們認為用手指著別人臉部及伸懶腰等均為不禮貌動作。匈牙利人的姓名由兩節組成，姓在前，名在後，稱呼匈牙利人時，只稱姓不稱名。在匈牙利，小費是必要開支，在餐廳及搭乘計程車，小費約占支付費用的10%至15%。匈牙利人的婚禮通常有兩種形式，一種是在教堂裡由神父主持，一種是在家中舉行。匈牙利人根據死者的年齡選用不同顏色的棺材。

　　匈牙利人以麵食為主食，愛吃巧克力甜點，肉類喜食豬、牛、雞、鴨、鵝、魚及豬肝等，蔬菜喜食白菜、洋蔥等。商務活動設宴招待匈牙利商人，西餐是最為穩妥的選擇，時間可安排在晚上，地點建議在大飯店、賓館。

　　在正式社交場合，匈牙利人著裝注意整潔，男士多穿保守式樣西服，女士則多著裙裝。

　　匈牙利人忌諱「13」和「星期五」，尤其是舉行宴會時，不能設13個座位。匈牙利人還認為打破了玻璃和鏡子將有倒楣的事發生。

復活節期間繪製彩蛋 Painting Eggs during Easter

特色節日

1848年革命和自由鬥爭紀念日 3月15日

國慶日　8月20日

1956年革命和自由鬥爭紀念日

暨1989年共和國成立日　10月23日

　　匈牙利民族文化的發展受周邊民族的影響很深。由於基督教的影響，早期匈牙利文化逐漸失去了本來的東方傳統而被歐化。16世紀土耳其入侵，匈牙利又受到東方影響。17世紀匈牙利淪於奧地利統治下之後，德奧文化又傳入匈牙利，對匈牙利文化的發展產生了重要影響。

　　羅馬時期至文藝復興時期（11—16世紀）

　　11世紀至13世紀中葉是匈牙利藝術的羅馬時期，古都埃斯泰爾戈姆城的城堡王宮是一座典型的羅馬式建築。匈牙利最早的壁畫是12世

198

紀費爾德布洛教堂的壁畫，從壁畫主題和拉丁文題字中可以看出，拜占庭式繪畫透過義大利傳入了匈牙利。位於布達佩斯附近的馬加什教堂則體現了新哥德式風格，歷任匈利亞國王均在此加冕，故又稱為「加冕教堂」。

15世紀末，馬加什國王引進義大利文藝復興時期的藝術風格。到了16世紀，土耳其入侵匈牙利，對匈牙利本民族的藝術產生了不小的衝擊。

匈牙利民族音樂文化的發展受其他民族音樂文化的影響很深。由於基督教的傳入及教會聖詠的影響，早期匈牙利音樂文化逐漸失去了本來所具有的東方傳統而被歐化。匈牙利專業音樂的發展在中世紀雖然受到土耳其入侵的阻礙，但是仍然有所發展，如16世紀前半葉已經出版了最早的匈牙利文的世俗音樂作品集，並出現了像B.巴克法爾克這樣在歐洲有影響的作曲家和琉特演奏家。

早期的匈牙利文學以拉丁文寫作，較早的匈牙利文文學作品多與宗教有關，保存著大量與東方有關的故事。

巴羅克風格時期（17—18世紀）

17世紀，匈牙利遭受了奧地利的入侵和佔領，藝術上受到巴羅克藝術風格的影響，巴羅克風格在匈牙利流行了兩個世紀。著名的巴羅克建築有希爾代布龍德設計的拉茨維爾宮殿，以及著名建築師毛耶爾霍費爾設計的布達佩斯的大學教堂。匈牙利建築上的巴羅克繪畫風格中最著名的有：奧地利畫家毛爾貝爾茨•A弗朗茨在多瑙河附近教堂所繪製的一系列繪畫；克勞克爾•約翰在埃格爾會堂的圖書館畫的壁畫。阿達姆•馬尼奧基是18世紀上半期最著名的畫家，他給費倫茨•拉科齊二世所畫的畫像使他聲名遠颺。18世紀早期的繪畫作品保持了17世紀早期的巴羅克藝術風格，為巴羅克藝術風格的成熟奠定了基礎。18世紀末19世紀初，巴羅克風格日益衰落，逐漸轉向古典主義。

馬加什教堂 Matthias Church

　　馬加什教堂位於匈牙利首都布達佩斯的多瑙河沿岸，布達佩斯著名建築漁人堡一側。1255年至1269年由當時的國王貝拉四世所建的新哥德式的美麗教堂，是布達佩斯的象徵之一。

　　在音樂方面，17世紀末，匈牙利被奧地利吞併，此後哈布斯堡王朝竭力推行文化上的日爾曼化，匈牙利民族音樂的發展又受到摧殘，音樂事業多把握在德意志等外國人手中。18世紀在上層貴族府邸中常設有具備相當水準的管絃樂隊和合唱團。

　　17世紀，匈牙利人民遭受哈布斯堡王朝和土耳其的雙重壓迫，於是加強國家的團結和壯大軍事力量以抗擊外來侵略成為文學創作的主題，這一時期的文學被稱為「抵抗文學」。

　　古典主義時期（19世紀）

　　19世紀上半葉，匈牙利民族文化藝術開始復興，古典主義藝術盛行。聖若望主教座堂，即埃格爾大教堂，建於1831年至1836年，是典型的古典主義歐式建築風格，教堂巨大的入口處由17公尺高的科林斯柱支撐，上面裝飾有聖伊什特萬、拉斯洛一世、聖彼得和聖保羅等宏偉的聖人雕像。在雕塑方面，雕塑家費倫茨被認為是匈牙利近現代藝

術的先驅之一，他的代表作有大理石石雕《女牧人》，具有古典主義
風格。

埃格爾大教堂 Eger Cathedral

科學的寓言／伊斯特•費倫茨The Allegory of Science / Istvan Ferenczy

　　由建築師希爾德•約瑟夫設計建造。它位於北部的旅遊勝地埃格爾市，是匈牙利著名的基督教堂。教堂外部雕塑和內部浮雕都是威尼斯雕刻家馬可•卡薩格蘭狄的作品。聖壇上的大幅繪畫《聖•約翰殉難像》出自威尼斯畫家約瑟夫•丹豪賽爾的手筆。伊斯特•費倫茨（1792—1856）是19世紀上半葉匈牙利的代表性雕塑家之一，《科學的寓言》是他於1842年至1843年為紀念國王馬蒂亞斯而創作，風格莊嚴高貴。現藏於布達城堡的匈牙利國家藝術館。驅者還有風俗畫和肖像畫家巴拉巴什。到了19世紀中葉，美術又有了新發展。1848年的革命使激進的藝術家開始提倡匈牙利的民族藝術，反對來自奧地利維也納學院派的影響，浪漫主義初現端倪。最知名的畫家是浪漫主義畫派的勞茨•卡羅伊，他主要致力於室內建築裝飾。

　　19世紀末，匈牙利許多畫家都缺乏專業訓練，他們都是按照自己的方式進行創作。米克洛什•鮑勞巴什是匈牙利真正受到普遍歡迎的第一位畫家。他嘗試各種畫派和各種技法，最終在肖像畫上取得了成就，他給匈牙利獨立戰爭中的英雄們畫的肖像畫非常著名。巴林特•基斯是另一位肖像畫畫家，他主要致力於歷史畫。他的作品成為匈牙利國家博物館的鎮館之寶。同時代的畫家還有博爾紹什•約瑟夫，他的風景畫具有印象主義風格。

　　19世紀中葉匈牙利民族運動興起，在它的推動下民族音樂文化有了重要發展，最重要的兩個代表人物是弗朗茨•李斯特和弗朗茨•埃爾凱爾。李斯特雖然長期活動於法、德等國，但他始終同匈牙利的音樂傳統保持著聯繫。他不僅創建了布達佩斯音樂學院，在國內從事演奏活動，而且在器樂創作中大量運用匈牙利人民生活的題材和匈牙利民間音樂的素材，他的20首《匈牙利狂想曲》成為匈牙利民族音樂的重要文獻。埃爾凱爾則是匈牙利民族歌劇的真正奠基人，他的創作、演出、教育活動，對19世紀後半葉匈牙利音樂生活產生了重要影響，他

的歌劇代表作《洪堯迪•拉斯洛》和《邦克總督》成為匈牙利民族歌劇的經典作品。

弗朗茨•李斯特 Franz Lisztk 1811—1886

弗朗茨•李斯特是著名的作曲家、鋼琴家、指揮家，偉大的浪漫主義音樂大師。他將鋼琴的技巧發展到了無與倫比的程度，在鋼琴上創造了管絃樂的效果，他還首創了背譜演奏法，他也因其巨大貢獻而獲得了「鋼琴之王」的美稱。

19世紀，匈牙利文學蓬勃發展，湧現出一批具有世界聲譽的作家，如革命民主主義詩人裴多菲•山陀爾，代表作有《人民》《亞諾什勇士》《民族之歌》等。現實主義作家米克沙特•卡爾曼在小說中運用諷刺與幽默的手法揭露現實的醜惡。

20世紀至今

20世紀新出現了後印象主義畫派，科斯特卡•蒂沃道爾是這一畫派的第一人，代表作品是《朝聖黎巴嫩的雪松》。這一時期還出現了納吉巴尼亞派，代表人物是豪洛什•什蒙和匈牙利色調樸素畫法之父卡羅伊•費倫齊。納吉巴尼亞學派是新一代畫派，這些年輕的畫家們受歐洲自然主義和現實主義藝術風格的影響，其中最突出的畫家是費倫齊•卡羅伊。他在匈牙利現代畫派中具有獨特的風格，他的藝術作品和教學影響了這個時代年輕的畫家們，其作品主要有《園丁》《自畫像》

《鳥的歌聲》《十月》等。

20世紀20年代「正統」畫派是新古典主義，代表人物是奧鮑・諾瓦克・維爾莫什。第二次世界大戰之後，匈牙利的主流畫派是構圖藝術，烏爾茲・阿達姆、考斯・亞諾什、阿爾諾德・格羅斯和萊克・卡羅伊是匈牙利構圖藝術的先驅。

20世紀匈牙利現代音樂家享有國際聲譽的最重要的兩個代表人物是貝拉・巴托克和佐爾坦・科達伊。他們不僅在發掘匈牙利民間音樂寶藏方面做出了卓越貢獻，在音樂民族學理論和實踐上也做出了傑出的貢獻，而且在創作上將匈牙利專業音樂創作提高到了新的水準。特別是巴托克，他在交響音樂、鋼琴音樂、室內樂、歌劇、舞劇音樂等領域中的作品，在20世紀現代音樂中都佔有重要地位，並對20世紀西方現代音樂的發展產生了重要影響。

1908年出現了「西方社」的文學團體，並形成西方文學流派，它標誌著匈牙利文學復興階段的開始。這一流派的著名小說家莫裏茲・日格蒙德的作品反映了農村的貧困與落後，表現出作者急於改變這種狀況的要求。他的《七個銅板》《飽吃一頓》等作品享譽世界。匈牙利解放後，民族文學走上新的發展道路。匈牙利當代藝術異彩紛呈，是中東歐國家當中民族特色最鮮明的國度之一。

鳥的歌聲 / 卡羅伊•費倫齊Birdsong / Karoly Ferenczy

《鳥的歌聲》是費倫齊（1862—1917）擺脫「精緻自然主義」而帶有他自己的獨特風格的第一個作品，具有印象主義的特點。畫面是紅色衣裳的女人抱著白樺樹幹，用衣裳的鮮豔和周圍綠色形成強烈對比，是對人和自然的抒情寫照。

Hungary

The national cultural development of Hungary has been deeply affected by its neighboring nations. Due to the influence of Christianity, early Hungarian culture gradually lost its original oriental traditions and began to Europeanize. However, the Turkish invasion of the 16th century resulted in Hungarian culture being influenced by eastern culture once again. After invasion by Austria in the 17th century, Germanic and Austrian cultures spread to Hungary, which had a profound impact on Hungary. The earliest Hungarian murals can be found in Feldebrő church and date from the 12th century. Based on the themes of the murals and the Latin inscriptions, it can be surmised that the Byzantine style of painting spread to Hungary through Italy. The Matthias Church is the most representative example of the transition from Romanesque to Gothic architecture styles.

In the 17th century, Hungary was subjected to invasion and occupation by Austria. Thereafter, its art was affected by the Baroque style, which prevailed in Hungary for two centuries. The most famous Baroque paintings in Hungarian buildings are those painted by the Austrian painter Franz Anton Maulbertsch in churches along the Danube. The paintings in the early 18th century preserved the Baroque style of the early 17th century， which laid the foundation for the cultural maturation of Baroque art.

In the first half of the 19th century, Hungarian national culture and art began to revive, while classical art maintained a dominant position. During the mid-19th century, Hungarian art experienced a new development as romanticism began to emerge. The most wellknown Romantic painter was Károly Lotz. The mid-19th century witnessed the rise of the Hungarian national movement, which promoted the development of the national music culture, of which the two most prominent figures were Franz Liszt and Ferenc Erkel. In the meantime, Hungarian literature began to thrive and created many world-renowned writers, such as the revolutionary democratic poet Sándor Petőfi.

Among the newly emerged Post-Impressionists of the 20th century, Csontváry Kosztka Tivadar was the first painter of this school; one of his representative pieces is Pilgrimage to the Cedars in Lebanon. Among the 20thcentury Hungarian modern musicians with international reputations, two of most important representatives are Béla Bartók and Zoltán Kodály. In addition to their outstanding contribution to highly valued Hungarian folk music and to the theory and practice of ethnic music ethnology, their works promoted the creation of Hungarian professional music to a new level.

愛沙尼亞共和國 The Republic of Estonia

國家概況

簡 稱：愛沙尼亞

政 體：議會制共和制

首 都：塔林

地理概況

位 置：歐洲東部波羅的海沿岸

國土面積：4.53萬平方公里

氣 候：海洋性氣候

社會概況

全國人口：約131.3萬

主要民族：愛沙尼亞族、俄羅斯族、烏克蘭族、白俄羅斯族

官方語言：愛沙尼亞語

主要宗教：基督教

愛沙尼亞族形成於十二至十三世紀，曾先後被普魯士、丹麥、瑞典、波蘭、德國、沙俄和蘇聯佔領統治。1918年2月24日愛沙尼亞宣佈擺脫沙俄統治獨立，成立了愛沙尼亞共和國。同年2月德國乘虛而入佔領愛沙尼亞，11月，蘇維埃俄國宣佈對愛擁有主權。1920年2月，蘇維埃俄國承認愛沙尼亞獨立。1940年7月成立愛沙尼亞蘇維埃社會主義加盟共和國。1991年8月20日，愛沙尼亞脫離蘇聯，宣佈恢復獨立。同年9月17日，聯合國宣佈接納愛沙尼亞為成員國。

經濟概況

支柱產業：製造業

貨　幣：歐元

1991年9月11日，中愛兩國建立外交關係。兩國關係穩步發展，文化交流日益頻繁。愛沙尼亞是中國在波羅的海地區的重要合作夥伴。中方願同愛方在相互尊重、平等互利基礎上，加強政治、經貿、人文等各領域交流合作，推動中愛關係健康穩定向前發展。

愛沙尼亞不喜歡過多的身體接觸，需要身體與身體之間保持足夠的空間。愛沙尼亞人主要信奉基督新教路德宗、東正教和天主教，其主要風俗習慣與大多數歐洲國家大致相同。愛沙尼亞民眾酷愛歌詠，每年都要舉辦各種形式的歌唱比賽。

舞蹈音樂節 Dance and Music Festival

　　愛沙尼亞飲食屬典型的西餐，日常飲食以烤肉、沙拉、麵包、馬鈴薯泥、義大利麵等為主，馬鈴薯泥配烤豬排是他們較有特色的食品。

　　愛沙尼亞的服裝都已現代化，民族服裝主要用於節日和文藝演出。婦女過節時穿花條裙子和繡花翻領襯衫，外罩色彩鮮豔的背心、圍巾和圍裙，愛戴圓形銀胸飾。

愛沙尼亞民族服裝 National Costume of Estonia

　　在公共場合儘量減少過多的身體接觸，不要大聲喧嘩。談生意時，面部表情不要過多，同時手勢也要少一些，並且在談話的時候，一定不要把手放在口袋裡。

特色節日

獨立日　2月24日

勝利日　6月23日

恢復獨立日　8月20日

塔林 Tallinn

　　塔林的起源可追溯到13世紀，作為波羅的海沿岸的交通要衝，這裡曾經是漢薩同盟的重要中心。塔林老城的古建築色彩鮮豔，充滿民族風情。

　　愛沙尼亞人民從十二三世紀以來，經常遭受異族的入侵與統治。塔林是愛沙尼亞歷史悠久的城市，塔林的古代建築能夠代表愛沙尼亞民族建築的特色。塔林老城於13世紀至16世紀曾加入漢薩同盟，是重要的河港以及鐵路樞紐，設有大學、農業科學院以及關於藝術、動物和地質主題的博物館。另一名城塔爾圖的起源可追溯到13世紀，條頓騎士團的一個十字軍騎士發現了這個城堡，之後，這裡發展為漢薩同盟的主要中心。其最大特色是絢麗多彩的公共建築（尤其是教堂）以及諸多商店的室內結構。儘管這些建築歷經了戰火的掠劫，卻依然保持著別具一格的風采。位於塔林的愛沙尼亞藝術學院前身為創建於

1904年的塔林應用美術學院，是愛沙尼亞唯一一所大學級的藝術和設計學院。1999年，該學院加入了歐盟教育體系。當代愛沙尼亞藝術在各方面都取得了進步，出現了大量超現實主義、後現代主義的美術作品。

最初的愛沙尼亞文學為民間口頭創作，19世紀中葉民族文學開始興起。愛沙尼亞民族文學的創建者是費爾曼和克列茨瓦爾德，他們蒐集了有關愛沙尼亞人民史詩《卡列維波埃格》的資料。從18世紀末葉起，現實主義在愛沙尼亞文學中迅速發展，以維爾德的作品為代表。俄國革命促進了愛沙尼亞無產階級文學的誕生，20世紀上半葉出現了不少這一類型的作品。加入蘇聯後，愛沙尼亞的文學發展一度受到壓抑。獨立後，愛沙尼亞文學獲得了新的發展機遇。

Estonia

Since the 12th and 13th centuries, the Estonian people have been subjected to foreign invasions and domination. Tallinn is a historic Estonian city, and its ancient buildings represent the characteristics of Estonian architecture. The earliest Estonian literature was oral folklore, and national literature was not created until the mid-19th century. The founders of Estonian national literature were Friedrich Faehlmann and Friedrich Kreutzwald, who collected materials concerning the Estonian epic poem Kalevipoeg. The Russian Revolution contributed to the birth of Estonian proletarian literature. After joining the Soviet Union, the development of literature in Estonia was suppressed; however, after independence, Estonian literature regained new opportunities for development.

拉脱維亞共和國 The Republic of Latvia

國家概況

簡 稱：拉脫維亞

政 體：議會制共和制

首 都：里加

地理概況

位 置：歐洲東部波羅的海沿岸

國土面積：6.46萬平方公里

氣 候：溫帶闊葉林氣候

社會概況

全國人口：約196.6萬

主要民族：拉脫維亞族、俄羅斯族

官方語言：拉脫維亞語

主要宗教：基督教

經濟概況

支柱產業：採礦業、加工製造業

貨　幣：歐元

　　10世紀，拉脫維亞建立早期的封建公國。1583—1710年，拉脫維亞先後被瑞典、波蘭—立陶宛公國瓜分。1710—1795年被沙皇俄國佔領。1795—1918年，拉東部和西部分別被俄羅斯和德國瓜分。1918年11月18日，拉脫維亞成為獨立的共和國。1940年6月，蘇軍根據蘇拉雙邊友好協定進駐拉脫維亞，建立蘇維埃政權，同年7月21日成立拉脫維亞蘇維埃社會主義共和國，8月5日併入蘇聯。1990年5月4日，拉脫維亞決定退出蘇聯，並改國名為拉脫維亞共和國。1991年8月22日正式宣佈獨立。

　　1991年9月12日，中拉兩國建立外交關係。中拉兩國關係穩步發展，各領域合作進一步拓展，高層及各級別保持往來。兩國文化部之間已經簽署了多個文化交流計畫。

　　拉脫維亞境內不同宗教信仰的居民各自信守教規。在國際場合行握手禮，採用國際通用的稱謂，即稱男士為「先生」，稱女士為「夫人」「小姐」「女士」。如對某人特別尊敬，習慣上贈送柞木葉子做

成的桂冠。拉脫維亞人性格內向、含蓄。男子少言寡語，女性在社會家庭中占重要地位。

　　拉脫維亞飲食文化雖非獨樹一幟，卻也別具特色。幾個世紀來拉脫維亞受日爾曼人統治，日爾曼文化對其影響深遠，飲食絕大部分與日爾曼國家類似。另一方面，拉脫維亞森林覆蓋率極高，拉脫維亞人將森林中盛產的漿果及蜂蜜等融入調味，使其飲食相較其他日爾曼國家有了獨特的風味。民族主要食物為麵食、豌豆、肉凍、優酪乳湯、麵包湯。拉脫維亞最大的巧克力糖果生產企業是萊依瑪巧克力廠，主要產品有：巧克力糖、巧克力糕點、奶糖、水果糖等。

里加特產—黑藥酒 Specialty of Riga—Black Balsam

　　民族服裝上，一般男子著襯衫、長褲、長外衣，紮腰帶，戴呢帽。女子著繡花短袖白襯衫、方格或條紋裙子，系繡花圍裙，紮頭

巾。已婚婦女戴亞麻布帽子，姑娘戴穿珠刺繡的花箍。飾物有銀手
鐲、胸針。

拉脫維亞民族服裝 National Costume of Latvia

　　拉脫維亞的等級制度非常嚴明，商務會面準時開始，訪問者們必
須準時參加，會議通常不會被打斷。平常約會最好也要準時到達，遲
到最晚不要超過五分鐘或十分鐘。

特色節日

獨立日（國慶日）　　11月18日

里加歷史中心 Historic Centre of Riga

　　里加是波羅的海東岸的重要海港，建城的歷史可追溯到1201 年，里加老城的建築具有中世紀風格，房屋多用紅頂，每個房頂上都有金屬製成的風信雞，從13 世紀開始，這裡的人民就相信風信雞有關邪作用。19 世紀里加建築風格轉入「新藝術」風格，被看作是歐洲最精美的「新藝術」建築風格的中心。

　　拉脫維亞的文化史伴隨著被侵略史書寫而成。拉脫維亞人民從12 世紀至13 世紀起就經常遭受異族，特別是德國封建主、日爾曼十字軍騎士團的入侵與統治；16 世紀至18 世紀，拉脫維亞先後被瑞典、波蘭—立陶宛公國、沙俄瓜分和佔領；18 世紀末至20 世紀初，拉東部和西部分別被俄羅斯和德國瓜分；20 世紀中期，拉脫維亞一度成為社會主義國家。直到20 世紀末，拉脫維亞脫離蘇聯，宣佈獨立。因此，雖然

拉脫維亞國家的國土面積有限，但是其美術、文學、音樂等藝術領域豐富多彩。

　　16世紀下半葉拉脫維亞有了文字，開始出版宗教書籍。從19世紀50年代起，隨著「青年拉脫維亞」運動的開展，誕生了拉脫維亞最初的民族文學。拉脫維亞民族文學最早的代表人物是詩人阿盧南和普姆普爾。19世紀80年代至90年代在拉脫維亞出現了現實主義文學。十月革命後，拉脫維亞文壇上湧現出許多新的作家，如詩人和小說家蘇德拉布•埃朱斯和阿拉伊斯•別爾采。1940年拉脫維亞加入蘇聯後，烏皮特成為拉脫維亞蘇維埃文學的創始人，著有《綠色的土地》和《烏雲中的曙光》等小說。在新一代作家中，有詩人和小說家格里古利斯、女作家薩克塞等。

Latvia

It was not until the second half of the 16th century that Latvia began to define its own written language and publish religious books. The development of the Young Latvian movement in the 1850s gave rise to the first examples of Latvian national literature. The earliest representatives of Latvian national literature were poets Juris Alunāns and Andrejs Pumpurs. Between the 1880s and 1890s, realistic literature began to appear in Latvia. After the October Revolution, many new writers emerged in the Latvian literary world, such as the poet and novelist Sudrabu Edžus and Avgust Arājs-Bērce. Although Latvia's land area is limited, the cultural content of its art, literature, and music, all of which are rich and colorful, covers the characteristics of various regions, nations, and even political systems.

立陶宛共和國 The Republic of Lithuania

國家概況

簡 稱：立陶宛

政 體：議會制共和制

首 都：維爾紐斯

地理概況

位 置 ：歐洲東部波羅的海沿岸

國土面積：6.53萬平方公里

氣 候：介於海洋性氣候和大陸性氣候之間

社會概況

全國人口：約285萬

主要民族：立陶宛族、波蘭族

官方語言：立陶宛語

主要宗教：天主教

經濟概況

支柱產業：機械製造、石油化工等

貨　幣：歐元

　　1009年，史書首次提及立陶宛，1240年成立統一的立陶宛大公國。1385年後立陶宛與波蘭三次聯合，維陶塔斯大公執政時期，成為當時歐洲面積最大的國家之一。1795年後逐步被沙俄吞併。1918年2月16日，立陶宛宣佈獨立並建立資產階級共和國。1939年8月，立陶宛被劃入蘇聯勢力範圍，次年初蘇軍進駐立境內。1941年蘇德戰爭爆發後，立陶宛被德國佔領。1944年蘇聯軍隊再次進入立陶宛，立陶宛蘇維埃社會主義共和國成立並加入蘇聯。1990年3月11日，立陶宛透過恢復獨立宣言，宣佈脫離蘇聯獨立。1991年9月14日中國和立陶宛建立外交關係。雙方簽署了《中華人民共和國文化部和立陶宛共和國文化部2012—2016年文化交流計畫》。2015年11月24日第四次中國—中東歐國家領導人會晤舉行，立陶宛政府積極參與了「16+1合作框架」，努力推動其取得實質性進展。

　　立陶宛民族是個比較細緻、謹慎的民族，其生活方式接近西方國家，比較注重生活品質。他們休息日愛好外出旅遊，喜愛體育運動。

在住宅建築和裝修上都比較注意追求舒適、安逸。國民受教育水準較高，公共場合舉止優雅。

在飲食方面，立陶宛人的主要食物有麵食、馬鈴薯、甜菜、白菜、豬肉、羊肉和乳製品等。火腿、香腸、燻豬肉是他們的傳統肉製品。他們一般都喜歡烤制食品，也愛吃馬鈴薯或豌豆煮的稀飯和用馬鈴薯泥、奶渣及肉末做的甜餃子，豬肉熏腸是他們的常用食品。他們喜歡俄式西餐，用餐慣於使用刀、叉、匙作餐具。設宴用餐時，立陶宛人總樂於保持餐桌潔淨、整齊和美觀。

穿著方面，立陶宛人很注重式樣、花色，做工比較考究，對面料考慮不多，比較注重產品的品質。立陶宛的民族服飾以色彩豔麗、圖案豐富的編織腰帶而引眾人矚目，向客人獻上一條編織腰帶，是立陶宛人對客人表達的崇高敬意。

立陶宛民族服裝 National Costume of Lithuania

立陶宛仲夏節

Midsummer Day

　　在信仰忌諱方面，立陶宛人大多信奉天主教，少數人信奉東正教。他們對在眾人面前耳語的人很反感，認為這是一種失禮的行為。他們在用餐時，對使餐具任意作響的舉止很忌諱，也不願聽到有人在用餐時發出咀嚼食物的聲音。立陶宛人對用一火為三人點煙很忌諱，認為這樣會給人帶來厄運。他們對「13」和「星期五」很反感，認為「13」和「星期五」是令人喪氣的數字和日期，會給人帶來厄運和災難。

特色節日

國家重建日　2月16日

恢復獨立日　3月11日

國家日　7月6日

維爾紐斯大教堂 Vilnius Cathedral

維爾紐斯大教堂修建於1387年至1388年，是第一座哥德式木結構教堂，後來經過了多次修復。教堂內的聖凱西米爾（St Casimir）禮拜堂是巴羅克風格，裡面有描繪這位立陶宛聖徒生平的壁畫和他的銀棺。

12世紀起，立陶宛人便受到日爾曼封建主的不斷侵略，日爾曼民族的文化、習俗等深入立陶宛民族之中。14世紀至15世紀，立陶宛大公國的領土大部分在西俄羅斯、烏克蘭和白俄羅斯，並且在1795年至1815年之中，整個立陶宛（除克萊佩達邊區外）併入俄羅斯。因此，立陶宛的文化藝術中也充滿著俄羅斯風情。1944年立陶宛加入蘇聯成為蘇維埃社會主義共和國，蘇式的共產主義文化對其產生了不小的影響。

立陶宛人的音樂在世界音樂史中佔有重要的地位。由於歷史的原因，立陶宛的音樂吸收了德國和俄羅斯的音樂精華，並且形成了獨具特色的民族風格。文學方面，立陶宛的民間文學非常豐富，代表作品有詩人多涅拉伊蒂斯的《一年四季》、詩人和小說家文茨洛瓦的《第三戰線》。文茨洛瓦1954年曾來中國訪問，寫有《中國紀行》一書。

攝影師拉戞納來自立陶宛，他巧妙地安排模特兒的站位、妝容與
衣著，讓人像元素融入自然環境之中，透過攝影創作呈現人與自然的
聯繫，並且流露著強烈的神秘感。

少女/拉戞納

girl / Viktorija Raggana

Lithuania

From the 12th century, Lithuania had been subjected to
continuous invasion from Germanic feudal lords, the culture and
customs of the Germanic people penetrating deeply into
Lithuanian ethnicity. From the 14th to the 15th centuries, most of
the territory of the Grand Duchy of Lithuania was in west Russia,
Ukraine, and Belarus. Then, from 1795 to 1815, the entirety of
Lithuania (except the border region of Klaipeda) was
incorporated into Russia. Consequently, Lithuanian culture and
art were infused with Russian styles. During World War I and II,

the European cultures had different levels of impact on Lithuanian culture. In 1944, Lithuania became a Soviet Socialist Republic and joined the Soviet Union. Hence, the Soviet-style communist culture also left notable traces on the nation.

羅馬尼亞 Romania

國家概況

簡 稱：羅馬尼亞

政 體：總統制共和制首 都：布加勒斯特

地理概況

位 置 ：歐洲南部巴爾幹半島東北部國土面積：23.84萬平方公里

氣 候：溫帶大陸性氣候

社會概況

全國人口：約2,222萬主要民族：羅馬尼亞族官方語言：羅馬尼亞語主要宗教：東正教

經濟概況

支柱產業：化工、礦業貨幣：羅馬尼亞列伊

羅馬尼亞人的祖先為達契亞人，約前一世紀，佈雷比斯塔建立了第一個中央集權和獨立的達契亞奴隸制國家。106年被羅馬帝國征服後，達契亞人與羅馬人共居融合，形成羅馬尼亞民族。14世紀先後組成瓦拉幾亞、莫爾達瓦和特蘭西瓦尼亞3個公國，16世紀後成為奧斯曼帝國的附屬國。1859年，瓦拉幾亞公國和莫爾達瓦公國合併，稱羅馬尼亞，仍隸屬奧斯曼帝國。1877年5月9日，羅馬尼亞宣佈獨立。1881年，改稱羅馬尼亞王國。1918年12月1日，特蘭西瓦尼亞公國與羅馬尼亞王國合併。至此，羅馬尼亞形成統一的民族國家。1945年3月6日，羅馬尼亞成立聯合政府。1947年12月30日，成立羅馬尼亞人民共和國。1965年，改國名為羅馬尼亞社會主義共和國。1989年12月22日，易國名為羅馬尼亞。中國與羅馬尼亞於1949年10月5日建交。2014年10月，中羅兩國領導人及外長就中羅建交65週年暨建立全面友好合作夥伴關係10週年互致賀電。

羅馬尼亞人性格豪爽，待人隨和，喜歡交朋友，交談時喜歡直截了當。他們尊重女士，男子進門、上車要讓女士先行，下樓梯時男子則在前護衛。應邀作客時需向女士送鮮花，贈花總數應為單數，但不能是13朵。

羅馬尼亞人飲食以肉、乳製品為主，蔬菜和豆類食品攝取量不大。羅馬尼亞人視鹽和麵包為生活中必不可少的食物。客人到來，最隆重的禮節是由主人家的姑娘托著盤子向客人送上麵包和鹽，客人需拿一塊麵包蘸鹽嘗一下。

　　羅馬尼亞民族服裝具有鮮明獨特的藝術風格。服裝款式多樣，色彩鮮豔，鑲有刺繡花邊；大部分地區的男子喜歡穿白色的褲子，褲長至小腿，褲腳塞進黑色長筒靴裡。

羅馬尼亞民族服裝 National Costume of Romania

　　羅馬尼亞人坐車和室內忌諱穿堂風，從不打開兩邊的窗子讓空氣對流，認為這樣會使人生病。在羅馬尼亞要注意領帶用色，男子除服喪期間外，不佩戴黑色領帶。

　　特色節日

羅馬尼亞冬日傳統節日慶典 The Festival of Winter Customs and Traditions

建軍節　　10月25日

國慶日　　12月1日

浮雕色雷斯騎士 Thracian Horseman

　　色雷斯人是巴爾幹半島最早的居民之一。色雷斯騎士被尊為色雷斯人的主神，是所有色雷斯神明中的最高神。色雷斯人主要用淺浮雕的方法製作色雷斯騎士像，其典型特徵是石碑上面呈圓形或尖拱形。這座浮雕代表了羅馬時代的雕塑藝術風格。

　　達契亞人於前4世紀出現在羅馬尼亞境內，希臘文化對這一地區頗有影響。前1世紀至1世紀，達契亞達到強盛時期，當時的石頭城堡建築、石刻、工藝品等都十分有特色。106年，達契亞國被羅馬人所滅，從此之後，其藝術受羅馬藝術影響。4世紀時，基督教傳入羅馬尼亞，基督教藝術發展迅速。中世紀時期，羅馬尼亞藝術又長期接受拜占庭

藝術的影響。

　　當文藝復興運動給西歐許多國家的文化注入勃勃生機之時，羅馬尼亞美術卻受到宗主國奧斯曼土耳其東方色彩的影響，16世紀時期的莫爾達瓦教堂和蘇恰瓦教堂的壁畫便清楚地體現出這一點。17世紀，壁畫逐漸衰落，規模遠不如從前。18世紀，羅馬尼亞文化藝術缺乏自由，遭異族幹涉，發展緩慢。到了18世紀末，封建社會處於崩潰邊緣，羅馬尼亞美術逐漸擺脫中世紀的束縛，開始了新的發展。

　　19世紀，羅馬尼亞的民族意識覺醒。1848年的革命對羅馬尼亞藝術的發展造成了積極的推動作用，在革命的年代裡出現了三位傑出的藝術家，他們是伊•涅古裡奇、

科文城堡Corvin Castle

科文城堡被稱為羅馬尼亞七大奇蹟之首，最初於 1446 年在匈牙

利著名軍事家和攝政王亞諾什•匈雅提命令下建造，現在的科文城堡是19世紀末修復而建的，具有中世紀到18世紀的羅馬式、哥德式、文藝復興式和巴羅克式等多種建築風格

。康•羅森塔爾和格•塔塔列斯庫。他們都具有覺醒的民族意識，這種意識也必然會反映在他們的作品之中，涅古裡奇的《伯裡切斯庫肖像》、羅森塔爾的《革命的羅馬尼亞》就是這樣的作品。1877年，羅馬尼亞完全擺脫了土耳其的統治，宣佈獨立，此後羅馬尼亞的美術逐漸進入了繁榮階段。19世紀下半葉，將羅馬尼亞美術推向新水準的人是著名畫家尼•格里高列斯庫。他的作品真誠、樸實並帶有濃郁的鄉土氣息，代表作是《穆斯切爾農婦》。20世紀以來，西方藝術的各流派對羅馬尼亞美術造成了不小影響，不少藝術家追求新形式，但也有藝術家堅守民族特色。

用羅馬尼亞語書寫的文本直到15世紀末16世紀初才出現，嚴格意義上的羅馬尼亞文學則出現得更晚。在很長一段時間裡，民間文學成了羅馬尼亞人民豐富生活、表達情感的一種特殊的藝術形式。羅馬尼亞民間文學無論在內容還是形式上都豐富多采，

摩爾達維亞教堂 Churches of Moldavia

　　摩爾達維亞是位於羅馬尼亞東北部的省份，以布喬維那「彩繪」的修道院聞名。這些帶有拜占庭風格的藝術範例展現了15世紀、16世紀摩爾達維亞文化的輝煌。它包括童話、傳說、多依娜（抒情歌謠）等。值得一提的是多依娜，對羅馬尼亞詩歌和音樂都產生了深遠的影響，因為它既被當作抒情詩傳誦，也常被當作民歌吟唱，從羅馬尼亞當代傑出的音樂家喬•埃內斯庫的作品中就可看出這種影響的痕跡。18世紀下半葉，羅馬尼亞文學進入發展的快車道，到19世紀末20世紀初，羅馬尼亞文學非常繁榮，出現了很多有成就的作家和作品。

　　羅馬尼亞積極開展國家文化交流，2016年1月29日，「羅馬尼亞珍寶展」在中國國家博物館開幕，這是羅馬尼亞文化遺產在中國乃至亞洲的最大規模展出。該展以羅馬尼亞歷史沿革為順序，共展出445件（套）展品，其中半數以上為國寶級珍寶，展覽以精品文物勾勒出羅馬尼亞的歷史演進與文明進程。

Romania

Between the 1st century BC to the 1st century AD, Dacian culture reached its peak, and the stone castles, stone carvings, and handicrafts of the region were fairly distinctive. In the 4th century AD, Christianity was introduced to Romania, and there was a rapid development of Christian art. During the Middle Ages, Romanian art was affected by the Byzantine period for quite a long time.

While the Renaissance injected vitality into western European cultures, Romanian art was influenced by the oriental culture of its suzerain, Ottoman Turkey. One such example was the murals in Moldovan and Wallachian churches in the 16th century. Entering the 17th century, murals began to decline, and were produced on a much smaller scale. Due to the interference of foreign nations, Romanian culture and art in the 18th century lacked freedom and its development became stagnated. By the end of the 18th century, the local feudal society was on the verge of collapse, and Romanian art gradually escaped the restrictions of the Middle Ages and began a new era of development. The Wallachian Revolution of 1848 played a positive role in promoting the development of Romanian art. As a result · three eminent artists came to prominence, Ion Negulici, Constantin Rosenthal, and Gheorghe Tattarescu.

保加利亞共和國
The Republic of Bulgaria

國家概況

簡　稱：保加利亞

政　體：議會制共和制

首　都：索菲亞

地理概況

位　置：歐洲東部巴爾幹半島東側

國土面積：11.1萬平方公里

氣　候：溫帶大陸性氣候

社會概況

全國人口：約717.8萬

主要民族：保加利亞族

官方語言：保加利亞語

主要宗教：東正教

經濟概況

681年，斯拉夫人和古保加利亞人在多瑙河流域建立斯拉夫保加利亞王國（史稱第一保加利亞王國），1018年被拜占庭侵佔。1185年，建立第二保加利亞王國，1396年被奧斯曼土耳其帝國侵佔。1877年俄國對奧斯曼土耳其宣戰，保加利亞於次年擺脫奧匈統治宣佈獨立。1944年9月9日，成立了以保加利亞共產黨和農民聯盟為主體的祖國陣線政府，並宣佈保加利亞為人民共和國。1989年，保加利亞實行多黨議會民主制。1990年11月15日，改國名為保加利亞共和國。

支柱產業：農業、輕工業

貨　幣：歐元

中國與保加利亞於1949年10月4日建交，兩國關係一直髮展良好。2015年11月13日，第二屆中國—中東歐國家文化合作論壇在保加利亞首都索菲亞舉行。近年來，兩國在經貿、科技、文化等領域的交流與合作日益深入。

保加利亞人民家庭觀念很重，他們認為自己的家人應該受到尊重和禮遇，尤其是家中的老人。

保加利亞人習慣以麵包和烤餅作為主食，習慣吃俄式西菜，並略

帶德國菜特色；他們口味較重，喜辣，不怕油膩，多數人愛吃以燜、燴、煎、烤等方式烹任的菜餚。

　　保加利亞的傳統民族服裝是男性下著褲腳寬鬆的長褲，上配繡有金邊的背心；女性傳統民族服裝主要是斯庫曼和莎亞。斯庫曼是無袖或有袖並且長及膝蓋的外衣，繡上華麗的刺繡，再配上長裙；莎亞是開前襟的及膝外衣，有長袖也有短袖，內穿襯衫，再配上裙子。

保加利亞民族服裝 National Costume of Bulgaria

　　保加利亞人忌諱數字「13」和「星期五」，他們認為「13」是兇神，「星期五」若與「13」相逢更像徵著災難即將臨頭。

特色節日

保加利亞玫瑰節Rose Festival of Bulgaria

解放日　3月3日

保加利亞教育文化和斯拉夫文位元組 5月24日

馬達臘騎士浮雕 Madara Rider

馬達臘騎士浮雕是保加利亞著名古蹟，位於東北部馬達臘高原上距柯拉羅夫格勒不遠的馬達臘村，為八世紀所刻。馬達臘騎士浮雕是最早列入世界文化遺產的古蹟之一，被視為保加利亞的象徵。

18世紀之前，保加利亞便擁有相當輝煌的藝術史。早在中世紀初期，保加利亞人就創造了燦爛的藝術，對斯拉夫各民族，甚至對其他歐洲民族，都有過巨大的影響。隨著拜占庭帝國的入侵，保加利亞的土地上開始了斯拉夫人和拜占庭的文化、藝術相互融合共生現象，從而形成一種新型的中世紀歐洲文明。18世紀，保加利亞民族復興之前

的美術珍品大多同宗教壁畫和雕塑有關。著名美術家有迪米特羅夫、佩特羅夫、任多夫，漫畫家貝什科夫，魯塞夫、德波娃的版畫和油畫也具有鮮明的特色。18世紀、19世紀興起的民族建築和木雕、裝飾藝術是保加利亞建築藝術的瑰寶，這些傳統在城市建設和住宅建築中得到了發揚。一些文化宮、紀念館、劇院及旅遊區的建築特色展現了其建築藝術的民族風格和現代化水準。

　　保加利亞有悠久的音樂和文學傳統。在文學方面，19世紀保加利亞有代表性的文學家有拉科夫斯基、波特夫、卡拉維洛夫等。

裏拉修道院壁畫 Rila Monastery Painting

　　裏拉修道院每一幅壁畫都講述了一個故事，這些故事有的來自聖經，有的來自保加利亞的歷史和神話。在奧斯曼帝國統治時期，保加利亞人頑強地抵抗著土耳其軍隊的入侵，一次次將被焚燬的教堂重新建造起來，使修道院成為他們堅守民族精神，抵禦外族奴化的堡壘。

查雷維茨山頂城堡 Tsarevets Fortress

　　查雷維茨山頂城堡，位於保加利亞古都大特爾沃諾。城堡地勢險要，以教堂建築聞名，為中世紀的巴爾幹與拜占庭融合的風格。良諾夫，文藝理論家基爾科夫，詩人斯米爾寧斯基、瓦普察洛夫以及小說家卡拉斯拉沃夫等都是保加利亞文學的代表人物。音樂方面，20世紀30年代後，聲樂和交響樂發展較快，著名作曲家和歌唱家有皮普科夫、庫特夫、加烏羅夫、烏祖諾夫等。20世紀，保加利亞還培養了巴黎畫派帕金斯這樣的國際藝術大師。

　　保加利亞定期舉辦國際青年歌劇歌手比賽、瓦爾納之夏音樂節、國際芭蕾舞比賽、布林加斯民間藝術節、索菲亞藝術沙龍等活動，這些活動都從不同程度上傳播了民族文化並促進了國際文化交流。「中

國保加利亞油畫交流展」2014年7月21日在保加利亞首都索菲亞開展，共展出12名中國藝術家的65幅畫作。

Bulgaria

As early as the beginning of the Middle Ages, Bulgarians began creating splendid works of art, which had a huge impact on the art of other Slavic nations, and even other European nations. With the arrival of the Byzantine era, Slavic and Byzantine culture and art integrated and coexisted in the land of Bulgaria, leading to the formation of a new medieval European civilization. In the 18th century, artistic treasures, created prior to the Bulgarian National Revival, were mostly related to religious murals and sculptures. Georgi Sava Rakovski, Hristo Botev, and Lyuben Stoychev Karavelov were some of the Bulgarian representative writers of the 19th century. In the 20th century, Bulgaria produced Jules Pascin, a painter of the School of Paris.

阿爾巴尼亞共和國 The Republic of Albania

國家概況

簡 稱：阿爾巴尼亞

政 體：議會制共和制

首 都：地拉那

地理概況

位 置：歐洲南部巴爾幹半島西側

國土面積：2.87萬平方公里

氣 候：亞熱帶地中海式氣候

社會概況

1190年，阿爾巴尼亞建立封建制公國。1415年起，阿爾巴尼亞被奧斯曼土耳其帝國統治近500年。1912年11月28日，阿爾巴尼亞宣佈獨立，1925年成立共和國，1928年改行君主制，1939年4月義大利入侵。1944年11月29日全國解放，1946年1月11日成立阿爾巴尼亞人民共和國，1976年改稱阿爾巴尼亞社會主義人民共和國，1991年改國名為阿爾巴尼亞共和國。

全國人口：約288萬

主要民族：阿爾巴尼亞族

官方語言：阿爾巴尼亞語

主要宗教：伊斯蘭教

經濟概況

支柱產業：農業

貨　幣：列克

中國和阿爾巴尼亞於1949年11月23日建交。兩國關係一直髮展良好。雙方政治互信加深，高層交往不斷。兩國經貿往來擴大，中國穩居阿爾巴尼亞第三大交易夥伴，中阿商會、阿中商會相繼成立。雙方文化交流也日益頻繁，彼此瞭解不斷加深。

阿爾巴尼亞人「點頭不算搖頭算」，即點頭表示否定、不同意，而搖頭表示肯定、贊同。見面禮節以握手為主，見面擁抱、親臉、貼面頰限於親人、熟人之間。阿爾巴尼亞人的午飯時間一般較晚，通常在下午三四點鐘，而晚飯時間則為晚上九十點鐘。

阿爾巴尼亞人普遍喜歡吃羊肉，愛用黃油燒菜，對煮熟的雞蛋也很感興趣。他們習慣吃西餐，一般以刀叉為餐用工具。對中國的菜餚也非常感興趣，但用不慣筷子。

　　歐洲國家的服飾文化對阿爾巴尼亞有一定程度的影響，但它自身的特點也非常明顯：女子愛穿寬鬆式褲子，以深色等色彩的棉布或緞子做成，並配一件較長的緊身夾克，或是飾有花卉圖案的緊身衣。

阿爾巴尼亞民族服裝 National Costume of Albania

　　在阿爾巴尼亞不要隨意付費。如果不能得到官方的收據，一定要堅決拒付任何費用。

阿爾巴尼亞傳統舞蹈Traditional Dance of Albania

特色節日

獨立日　11月28日

反法西斯解放日　11月29日

布特林特 Butrinti

布特林特最初是屬於古代伊庇魯斯地區的一座城市。它是當地部落的一個重要中心，6世紀初布特林特成為一個主教駐地，核心建築是一座洗禮池。這座洗禮池是基督教早期建築中規模最大的之一。

阿爾巴尼亞位於歐洲南部巴爾幹半島。早在前一千年伊利里亞人就在此創造了富有特色的伊利里亞文化。前7世紀，沿海一帶古城開始受到希臘的影響。4世紀末羅馬帝國分裂後，阿爾巴尼亞隸屬東羅馬帝國，在藝術上頗受拜占庭美術的影響。15世紀中葉以後曾創作了不少教堂壁畫，這些作品色彩濃烈、鮮明，人物生動，在畫上往往透露出世俗生活的氣息。這表明從16世紀起阿爾巴尼亞的繪畫逐漸擺脫了拜占庭美術的約束。在土耳其人統治的近5個世紀中，阿爾巴尼亞的美術一直處於蕭條期，不少有才能的藝術家不得不流亡國外。直到19世

紀下半葉才開始民族文化藝術的復興，揭開了現代藝術的序幕。K.伊德羅梅尼是民族藝術復興的先驅者，主要作品有《我的姐妹》《斯庫臺婦女肖像》等。科爾察是阿爾巴尼亞的藝術中心，科爾察畫派代表畫家有S.澤蓋等。1944年，阿爾巴尼亞解放後，首先是革命歷史畫佔據了突出地位。這方面的優秀作品有B.塞伊迪尼的《1944年11月17日地拉那的早晨》等。60年代以後，阿爾巴尼亞的畫家們更多關心現代生活題材。

培拉特和吉諾卡斯特歷史中心 Historic Centres of Berat and Gjirokastra

培拉特和吉諾卡斯特是現今保存下來的罕見的奧斯曼土耳其帝國時期的典型建築。培拉特位於阿爾巴尼亞中部，見證了幾個世紀以來不同宗教和文化社區的共存。城內有一座著名的城堡，當地人稱為卡拉城堡。吉諾卡斯特拉城位於阿爾巴尼亞南部，其典型的土耳其塔成為全鎮的焦點，融合了巴爾幹半島地區的顯著特徵。

19世紀末20世紀初，雕塑藝術也得到了發展。老一輩的雕塑家有O.帕斯卡利、L.尼古拉、Y.帕喬、K.霍希等人。帕斯卡利早年在義大利都靈學習美術，回國後長期在地拉那工作。主要代表作有《饑餓的人們》《科爾察民族戰士紀念碑》，戰後有《人民英雄庫什紀念碑》等。他於1906年獲得共和國獎。尼古拉早年在希臘學習，他的風格簡練概括、粗放有力，代表作有《山民》《山民頭像》《女遊擊隊員》《刈草人》等。帕喬重視抒情風格，手法細膩，代表作有《少女胸像》。霍希是阿爾巴尼亞第一位女雕塑家，代表作有地拉那的《列寧紀念碑》等。

阿爾巴尼亞古代文學是在反抗土耳其封建統治的情況下發展起來的，帶有濃厚的宗教色彩。從19世紀三四十年代起，隨著阿爾巴尼亞民族復興運動的蓬勃發展，開始了民族復興時期的文學，其中，詩歌佔有最重要的地位。民族獨立時期的文學繼承和發揚了民族復興文學愛國主義的傳統，發展了進步的民主傾向。1939年至1944年

阿爾巴尼亞國家歷史博物院壁畫 Outer Painting of National Historic Museum of Albania

　　國家歷史博物館位於阿爾巴尼亞首都地拉那，是阿爾巴尼亞最大的博物館。博物館主要珍藏以阿爾巴尼亞國家歷史古代文化為主題的作品。這幅壁畫展現了不同時代阿爾巴尼亞人的風貌。

　　民族解放戰爭時期，文學的中心主題是讚美英雄人物，頌揚革命英雄主義精神。

　　當代阿爾巴尼亞藝術家積極參與國家交流，2016年5月9日至13日，中國—中東歐國家藝術合作論壇在北京舉行，論壇共邀請了來自中國與16箇中東歐國家的著名藝術家、藝術機構代表以及部分中東歐國家駐華使節等近300人出席。這是迄今中國與中東歐國家舉辦的最大規模的藝術盛會。由9位阿爾巴尼亞頂尖藝術家組成的代表團與中國及其他中東歐國家的代表就藝術合作等話題進行了深入探討。

Albania

As early as 1000 BC, the Illyrians had created a distinctive Illyrian culture in Albania. In the 7th century BC, the ancient cities along the coastal areas of the country began to be influenced by the Greeks. After the fall of the Roman Empire at the end of the 4th century, Albania was governed by the Eastern Roman Empire, and Byzantine art left a significant impact. From the 16th century, Albanian paintings gradually broke away from the constraints of Byzantine art. During the five centuries when Albania was ruled by the Turks, Albania underwent a recession in art, resulting in many talented artists being forced to seek opportunities abroad. It was not until the second half of the 19th century, when Albania's national culture and art began to be revived, that the era of modern art began.

塞爾維亞共和國 The Republic of Serbia

國家概況

簡 稱：塞爾維亞

政 體：議會制共和制首都：貝爾格勒

地理概況

位 置：歐洲南部巴爾幹半島中部國土面積：8.83萬平方公里

氣 候：溫帶大陸性氣候

社會概況

全國人口：約713萬主要民族：塞爾維亞族官方語言：塞爾維亞語主要宗教：東正教

9世紀起，移居巴爾幹半島的部分斯拉夫人開始建立塞爾維亞等國家。一戰後，塞爾維亞加入南斯拉夫王國。二戰後，塞爾維亞成為南斯拉夫社會主義聯邦共和國（簡稱「南斯拉夫」）的六個共和國之一。1991年，南斯拉夫開始解體。1992年，塞爾維亞與黑山組成南斯拉夫聯盟共和國（簡稱「南聯盟」）。2003年2月4日，南聯盟更名為塞爾維亞和黑山（簡稱「塞黑」）。2006年6月3日，黑山共和國宣佈獨立。6月5日，塞爾維亞共和國宣佈繼承塞黑的國際法主體地位。

經濟概況

支柱產業：服務業

貨　幣：塞爾維亞第納爾

1955年，中國同南斯拉夫建立外交關係。南斯拉夫解體後，中國駐南斯拉夫大使館先後更名為中國駐塞爾維亞和黑山大使館（2003年）、中國駐塞爾維亞共和國大使館（2006年）。2009年，中塞宣佈建立戰略夥伴關係。兩國外交部合作良好，建有磋商機制。中國與塞爾維亞政府間建有經貿混委會機制，簽有《文化合作協定》等協議。2010年3月，「塞爾維亞文化周」在北京和天津舉行。

塞爾維亞人在社交場合衣著整齊、得體。在社交場合與客人相見時，要與被介紹過的客人一一握手，並報出自己的姓名。在親朋好友之間相見時，習慣施擁抱禮，相互親吻臉頰。

塞爾維亞的食物是非常典型的東歐食物，飲食以吃西餐為主。他

們對早餐和晚餐的要求非常簡單，但對午餐非常重視。塞爾維亞人喜歡焦香濃郁或微酸味道的菜餚，一般不喜歡口味太鹹的菜。主食以麵食為主，副食比較豐富。

塞爾維亞的傳統服飾色彩明豔、做工細緻。女子著裝以U型領飾和帶有前擺的連衣裙為主，衣袖下半部分為白色的散口袖，並配以與胸口配色近似的頭巾；男子著裝則多為白色襯衫配以短小的深色馬甲，收腿褲塞於小腿靴中。

塞爾維亞民族服裝National Costume of Serbia

在塞爾維亞赴約，貿然到訪屬不禮貌行為，上門拜訪普通習俗需送鮮花或禮物。

特色節日

東正教耶誕節　1月7日

東正教新年　1月14日

東正教聖薩瓦節　　1月27日

國家日　　2月15日

勝利日　　5月9日

斯圖德尼察修道院 Studenica Monastery

　　斯圖德尼察修道院是塞爾維亞地區最大、最富有傳統風格的修道院，由中世紀塞爾維亞共和國的創建者斯特凡•納曼亞大公在退位之後不久創建。修道院中的兩座主要紀念碑、聖母大教堂及國王大教堂均採用白色大理石建造而成。修道院中還收藏了許多珍貴的13 世紀和14世紀的拜占庭繪畫。

　　塞爾維亞書面的文學作品約出現於9世紀後半葉。12世紀至13世紀時，以寺院為中心的宗教文學較為發達。14世紀，傳記文學有了較大的發展。14世紀末，由於奧斯曼土耳其帝國的入侵和長達 400多年的統治，文學的發展受到阻礙，只有民間口頭文學比較活躍，出現了許多反映抗擊外族入侵的英雄史詩。18世紀，在歐洲啟蒙運動和民族

復興思潮的推動下，文學也逐漸擺脫中世紀傳統的束縛，開始描寫世俗題材，多西特伊•奧布拉多維奇的創作為世俗文學奠定了基礎，他的代表作品有《奧布拉多維奇的生平奇遇》。19世紀上半葉，民族解放運動高漲，文化教育隨之發展。武•卡拉吉奇是民族復興運動著名的活動家，他以人民口語為基礎，對塞爾維亞語進行了改革，使它成為一種文學語言。同時，他還蒐集、整理、出版了大量的民間文學作品，對促進文學的發展起了重要作用，並為浪漫主義文學開闢了道路。19世紀後期之後，塞爾維亞文學蓬勃發展，成為南斯拉夫文學的重要組成部分。

當代塞爾維亞最大的創意文化藝術節是「綜合藝術節」，2015年6月3日，第七屆藝術節在首都貝爾格勒的薩瓦河畔開幕，此屆藝術節的主題是「無法承受」，亮點之一是「黑盒子」展覽，塞爾維亞的年輕藝術家們設計製作了上百個不同樣式的黑盒子，以此體現他們對世界和現實的思考。

Serbia

From the 12th to the 13th centuries, religious literature centered on monasteries was relatively advanced in Serbia. At the end of the 14th century, due to invasion and, consequently, a 400-year reign of the Ottoman Empire, the development of Serbian literature was hindered. Oral folklore was the only active form of literature, and many epics emerged that were related to the fight against foreign invaders. In the 18th century, promoted by European Enlightenment and a trend of national revival, Serbian literature was gradually freed from the restrictions of medieval tradition and began to focus on the depiction of secular topics. The works of Dositej Obradović, represented by The Life and Adventures of Dimitrije Obradović, laid the foundation of secular literature. In the late 19th century, Serbian literature began to thrive and transformed into an important component of Yugoslavian literature.

黑山 Montenegro

國家概況

簡 稱：黑山

政 體：議會制共和制

首 都：波德戈裡察

地理概況

位 置：歐洲南部巴爾幹半島

國土面積：1.38萬平方千尺

氣 候：以溫帶大陸性氣候為主

社會概況

全國人口：約63萬

主要民族：黑山族、塞爾維亞族

官方語言：黑山語

主要宗教：東正教

經濟概況

支柱產業：旅遊業、建築業

貨 幣：歐元

6世紀末7世紀初，部分斯拉夫人移居到巴爾幹半島。9世紀，斯拉夫人在黑山地區建立「杜克利亞」國家。11世紀，「杜克利亞」改稱「澤塔」，並在12世紀末併入塞爾維亞，成為其行政省。15世紀，奧斯曼土耳其帝國佔領現波德戈裡察及其以北地區，澤塔王朝陷落。1878年柏林會議承認黑山為獨立國家。第一次世界大戰後，黑山再次併入塞爾維亞並加入南斯拉夫王國。第二次世界大戰後，南斯拉夫王國改為南斯拉夫聯邦人民共和國，1963年改稱南斯拉夫社會主義聯邦共和國。1992年4月27日，塞爾維亞與黑山兩共和國聯合組成南斯拉夫聯盟共和國。2003年2月4日，南斯拉夫聯盟共和國更名為塞爾維亞和黑山。2006年6月3日，黑山獨立。中國和黑山兩國人民之間有著傳統友誼。2006年7月6日，兩國建立外交關係。建交後，兩國關係發展良好，政治互信不斷增強。雙方在經貿、文化、旅遊等各領域交流與合作成效顯著。

黑山人喜歡談論體育、家庭及服飾。黑山人比較遵守時間，因此在黑山與人約會要準時。

　　黑山的飲食融合了鄰近各國的烹調方式，但也有鮮明的本土特色，例如火雞、篝火烤肉，以及當地口味的各式臘腸、乳酪和甜點。黑山盛產葡萄酒，例如紅葡萄酒、白葡萄酒、白蘭地和櫻桃酒等。

黑山傳統食物 Traditional Food of Montenegro

　　黑山人的民族盛裝較為雍容華貴。男服主要由黑呢帽、白襯衣、寬腿褲、長襪、長靴、帶袖或無袖的粗呢短外套組成。女服的上身主要是手繡絲織襯衣、淺色的無袖馬甲，下身是繡製有各種圖案的絲織長裙。

黑山傳統服裝 Traditional Costume of Montenegro

黑山用餐基本遵循西餐禮儀，無特別禁忌。

特色節日

國慶日　7月13日

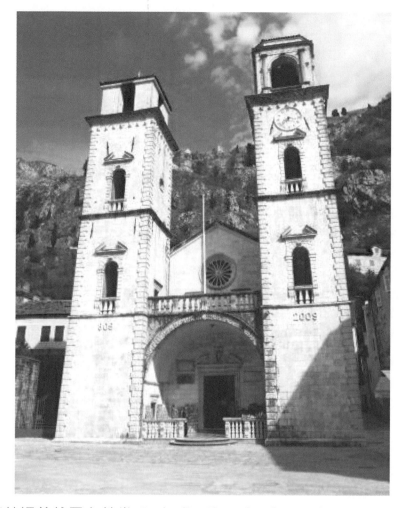

聖特裡普納天主教堂 Catholic Church of St. John Terry Pune

聖特裡普納天主教堂位於黑山沿海城市科托爾，建於1166年，教堂是為了紀念該城的守護者而建，一直是科托爾的標誌性建築。

黑山人大多信奉東正教，但黑山境內卻有一座聖特裡普納天主教堂，該教堂建於12世紀初期，是黑山古代建築的傑作。此外，科托爾是亞得里亞海沿岸保存中世紀古城原貌最完整的城市之一，並被列入

聯合國教科文組織世界遺產名錄。

　　沃約•斯坦尼奇是把黑山當代藝術推向世界舞臺並為世界所認可的藝術家之一。他在學生時代主攻雕塑，畢業後創作了形式多樣的雕塑作品。後來，他按照獨特的規則創造了一個嶄新的油畫世界。在他的作品中，沒有精確的座標，景色伸展到可以辨認的黑山沿海風情和大體的地中海風貌。2012年9月28日，「黑山繪畫藝術展」在中華世紀壇世界藝術館開幕，該展所展出的46件油畫精品均出自畫家沃約•斯坦尼奇之手。

窗外/沃約•斯坦尼奇 Outside the Window / Walter Stein

沃約•斯坦尼奇的作品不拘泥於形態的束縛，透過對海濱城市重要

地點的「窺視」和對生活的觀察，在拓展了表現場景的同時也展示了非凡的景色。

Montenegro

Montenegro is a beautiful mountainous country located in the north-central region of the Balkans in Europe, east of the Adriatic Sea. Most Montenegrins are followers of the Eastern Orthodox Church. However, a Roman Catholic cathedral, the Cathedral of Saint Tryphon, can be found in Montenegro, which was built in the early 12th century, a masterpiece of ancient Montenegrin architecture. In addition, Kotor is one of the most perfectly preserved medieval cities along the Adriatic Sea, and is listed as a UNESCO World Heritage Site. Its local artistic culture generally reflects the styles of the Montenegrin coastal region and the Mediterranean.

波士尼亞和黑塞哥維那 Bosnia and Herzegovina

國家概況

簡　稱：波黑

政　體：議會制共和制

首　都：塞拉耶佛

地理概況

位　置：歐洲南部巴爾幹半島

國土面積：5.12萬平方公里

氣　候：南部屬地中海氣候，北部屬溫帶大陸性氣候

社會概況

全國人口：約382萬

主要民族：波什尼亞克族、塞爾維亞族、克羅地亞族

官方語言：波什尼亞克語、塞爾維亞語、克羅地亞語

主要宗教：伊斯蘭教、東正教、天主教

6世紀末7世紀初，部分斯拉夫人南遷到巴爾幹半島，在波士尼亞和黑塞哥維那等地定居。12世紀末葉，斯拉夫人建立獨立的波士尼亞公國。1463年後成為奧斯曼土耳其屬地，1908年被奧匈帝國佔領。第一次世界大戰結束後，波黑成為南斯拉夫王國的一部分。第二次世界大戰後，成為南斯拉夫聯邦人民共和國（1963年改稱南斯拉夫社會主義聯邦共和國）的一個加盟共和國。1992年3月，波黑就國家是否獨立舉行全民公決，波族和克族贊成獨立，塞族抵制投票。此後，波黑三族間爆發了歷時三年半的戰爭。1995年11月21日，波黑戰爭結束。

經濟概況

支柱產業：工業、農牧業

貨　幣：可兌換馬克

1992年5月波黑加入聯合國時，中國作為共同提案國予以支持，在事實上承認了波黑。1995年4月3日，中國和波黑建立大使級外交關係。二千年，中波簽署兩國經貿合作協定，建立兩國政府間經貿混委會機制。

波黑人生性豪放、直率，熱情好客，能歌善舞。社交場合與客人見面時，常以握手為禮，較為熟悉的朋友、親人間還經常相互擁抱、親吻。

當地最具特色的飲料是波紮，具有代表性的菜是用洋蔥和肉餡製成的3公分左右的肉丸，經過炒制後，夾在饢一樣的麵食中一起食用，亦可配以優酪乳。著名的波黑小吃皮塔指的是餡餅，有肉餡、乳酪餡和素餡等。

波黑的服飾特徵融合了波什尼亞克族、塞爾維亞族和克羅地亞族三族的傳統服飾風格。特殊之處在於進入清真寺時女性需頭戴紗巾等。

波黑傳統服裝 Traditional Costume of Bosnia and Herzegovina

去波黑人家裡做客，可送花、葡萄酒或巧克力等，送花一定是單數，但不能是13。

波黑民族舞蹈 Dance of Bosnia and Herzegovina

特色節日

獨立日　3月1日

反法西斯勝利紀念日　5月9日

國慶日　11月25日

　　波黑最早由羅馬帝國統治，5世紀到7世紀時，從北方南下的斯拉夫人控制了這裡，逐漸同化了居住在這裡的色雷斯人和伊裡利亞人。從14世紀到19世紀，波黑成為奧斯曼帝國的一部分。

　　波黑首都塞拉耶佛曆史悠久，長期以來就是巴爾幹地區的中心城市之一。老城區的建築體現出伊斯蘭時代的特色。格茲•胡色雷•貝格巴紮、格茲•胡色雷•貝格清真寺均建於16世紀中期。塞拉耶佛電影節始於1995年，是巴爾幹地區最為重要的藝術節之一。

　　在經歷了長達五個世紀土耳其人的統治後，城市和交通要道附近

的地區受伊斯蘭文化的影響，與流行在鄉村的古老生活習慣分離，因此今天波黑城市與鄉村流行的民間音樂風格迥異。波黑農村流行的民歌按演唱者的性別分成兩個類別，男人唱的歌包括酒歌、打獵歌、商旅歌、放羊歌等，女人唱的歌則包括搖籃曲、哀悼歌、梳理羊毛歌等。波黑山區的男子唱歌時，像中國西北的甘肅、青海人唱「花兒」時一樣，手掌面向嘴巴，並用手指摀住耳朵，他們把這種唱法稱為「來自耳朵」，認為這樣唱，聲音會傳得很遠。波黑農村中由女子唱的民歌以「特蒲賽節」歌曲最有特色，婦女們在婚禮喜筵上一邊在餐桌上旋轉著一種大金屬盤子，一邊唱這種歌。唱歌時，一方面要使盤子在餐桌上保持垂直狀態而且不停地旋轉，一方面又要用戴在手指上的戒指打盤子，敲出不同的節奏來伴奏。

莫斯塔爾古橋 Stari Most

莫斯塔爾古橋是一座16世紀的橋樑，橫跨內雷特瓦河。古橋聳立了427年後於1993年被戰爭摧毀。之後開始重建，並於2004年7月23日重新開放。2005年，該橋及周邊地區被列為世界文化遺產。

Bosnia and Herzegovina (BiH)

BiH was first ruled by the Roman Empire. In the 5th to the 7th centuries, Slavs came from the north, conquered the area, and gradually assimilated the Thracians and Illyrians living there. From the 14th to the 19thcenturies, BiH was part of the Ottoman Empire. As a result of the five-century-long rule by the Turks, the area was dominated by Islamic culture. Consequently, the styles of urban and rural popular folk music in contemporary BiH are quite different. Popular folk music in rural areas can be divided into two categories depending on the gender of the singer : topics that are sung about by men include toasting, hunting, traveling merchants, and shepherding, whilst those sung about by women include lullabies, mournful songs, and wool carding.

克羅地亞共和國 The Republic of Croatia

國家概況

簡 稱：克羅地亞

政 體：議會制共和制

首 都：札格雷布

地理概況

位 置：歐洲南部巴爾幹半島

國土面積：5.66萬平方公里

氣 候：沿海屬地中海氣候，內陸屬大陸性氣候

社會概況

全國人口：約423.8萬

主要民族：克羅地亞族

官方語言：克羅地亞語

主要宗教：天主教

經濟概況

支柱產業：造船業

貨　幣：庫鈉

6世紀末和7世紀初，斯拉夫人移居到巴爾幹半島。8世紀末和9世紀初，克羅地亞人曾建立早期封建國家。10世紀，克羅地亞王國建立。1941年，德國、義大利法西斯入侵，扶持建立了「克羅地亞獨立國」。1945年，南斯拉夫各族人民贏得反法西斯戰爭勝利，同年11月29日宣告成立南斯拉夫聯邦人民共和國，1963年改稱南斯拉夫社會主義聯邦共和國，克羅地亞成為南聯邦六個共和國之一。1991年5月底，克羅地亞舉行全民公決，贊成克羅地亞獨立，同年6月25日，克羅地亞議會透過決議，宣佈脫離南斯拉夫社會主義聯邦共和國獨立。1992年4月27日，中國承認克羅地亞共和國，同年5月13日，中克兩國建交。儘管克羅地亞與中國的經濟體量不同，但兩國經濟合作仍有很大空間。中國是除歐盟外克羅地亞最大的交易夥伴之一。克羅地亞提出的「亞得里亞海—波羅的海—黑海」倡議與中國「一帶一路」倡議高度契合，兩國在能源、交通、金融、通信、農業等領域合作潛力巨大。

克羅地亞人民十分好客，熱情豪放。在社交場合與客人相見時，一般情況下，克羅地亞人都慣以握手為禮。他們與至親好友見面時，

大多都習慣施傳統的擁抱禮。他們在夫妻之間、情人之間，或長輩對晚輩女人之間，也有施吻手禮的傳統習慣。

克羅地亞的菜餚融合了義大利、匈牙利、奧地利和遠東地區的菜餚風格。克羅地亞有50多種不同的本地菜及本地的乳酪、甜點。克羅地亞的特色菜品有篝火烤肉、達爾馬提亞熏火腿、羊乳酪和胡椒味的臘腸。內陸地區，比較受歡迎的菜是火雞配和乳酪；沿海地區比較受歡迎的菜是達爾馬提亞式燉魚、海鮮湯和海鮮沙拉。

胡椒味的臘腸 Kulen

克羅地亞人傳統服裝多用家織亞麻布(潘諾尼亞地區)、毛料(迪納拉地區)以及綢料(沿海地區)縫製。男子服裝為襯衣和長褲以及短外套、坎肩、披肩、鬥篷、鑲有金屬飾品的腰帶、軟皮鞋、皮靴，女子服裝為飾有各種花邊、刺繡和細窄花紋的長短襯衣、短上衣、坎肩、腰帶、各色圍裙、寬大的褶裙、鬥篷等。節日裡穿裝飾著鮮豔的花邊、刺繡、金屬小片的服裝，這在迪納拉地區尤為流行。

克羅地亞民族服裝 National Costume of Croatia

克羅地亞風俗習慣與世界上其他信奉天主教的國家基本相同，並無特殊禁忌。

特色節日

國慶日　6月25日

札格雷布大教堂Zagreb Cathedral

札格雷布大教堂位於克羅地亞的首都札格雷布，教堂始建於11世紀。20世紀初新建兩座哥德式塔柱，教堂得以呈現昔日輝煌，並成為札格雷布的城市象徵。

克羅地亞具有悠久的藝術傳統，沿海地區早期受希臘羅馬文化影響。8世紀至15世紀是中世紀時期，宗教藝術發展迅速。15世紀至18世紀，克羅地亞進入了文藝復興時代，沿海地區的藝術中心之一是杜布羅夫尼克，而在內地由於土耳其人的入侵，後來又受到哈布斯堡王朝的統治，建築並未得到很大的發展。19世紀，雕塑與繪畫的發展也與人文主義思想有著密切的關係。

9世紀至12世紀，克羅地亞人在亞得里亞海沿岸的達爾馬提亞建造了不少石頭砌成的教堂。12世紀末出現了羅馬式的宗教和世俗建築物。14世紀在威尼斯的影響下，沿海地區開始建造哥德式的教堂和公

用建築物。克羅地亞的建築，在沿海地區受義大利的影響，而在北部則受中歐地區的影響。著名的哥德式建築物有聖詹姆斯大教堂（15—16世紀）。在8世紀至15世紀期間，雕塑與繪畫也得到了相應的發展。在斯普利特的一個教堂（1214年）有兩扇刻有25塊精緻木雕的門，從這些木雕可見當時克羅地亞的雕塑水準。

聖詹姆斯大教堂Cathedral of St. James

　　聖詹姆斯大教堂具有不同時期的建築風格，不僅對克羅地亞，而且對巴爾幹的民族、宗教、國家發展都有重要意義。整個建築完全由巖石構成，並使用了獨特拱頂工程和圓頂技巧。

大歐諾佛噴泉和聖救世主教堂 Big Onofrio's Fountain and St. Saviour Church

　　大歐諾佛噴泉由設計師歐諾佛於15世紀設計，標誌著從12公里外的杜布羅夫尼克裏耶卡引水入城、提供杜布羅夫尼克城市用水計畫的完成。由於在1667年的大地震中嚴重受損，現在只是作為著名景點供遊客參觀。

　　在沿海地區的文藝復興建築有杜布羅夫尼克的貴族宮，另一座著名建築物是舍別尼克教堂。以上兩座建築物的設計者都是J.達爾馬基涅茨。聖詹姆斯大教堂見證了15世紀、16世紀北義大利與托斯卡納之間紀念碑藝術領域內的大規模藝術交流。是克羅地亞的七個世界文化遺產之一，具有不同時期的建築風格，不僅對克羅地亞，對整個歐洲的民族、宗教、國家發展都有重要意義。17世紀起，在意、奧等國影響下興起了巴羅克風格。著名的巴羅克建築物有札格雷布的聖葉卡特林娜教堂與杜布羅夫尼克的巴羅克教堂。19世紀，雕塑與繪畫的發展也與人文主義思想有著密切的關係。19世紀克羅地亞的繪畫主要代表有

弗•剋剋列茨、阿•伊維柯維奇等人。19 世紀末20 世紀初，大雕塑家艾•梅斯脫維奇開始初露鋒芒，第一次世界大戰後，他已經是一位多產藝術家。

克羅地亞文學作品十分豐富，與源遠流長的塞爾維亞文學並駕齊驅。19世紀，在克羅地亞文學領域裡出現過的伊裏爾運動，曾震撼過巴爾幹各國，誕生了留得維特•加依、斯坦科•烏拉茲、彼得•普萊等著名的文學家。

Croatia

Croatia has a long artistic tradition. In the early ages its coastal regions were influenced by Greco-Roman culture. In the Middle Ages, its religious art developed rapidly. Between the 15th and the 18th centuries, Croatia entered the Renaissance. Dubrovnik was one of the art centers of the coastal areas. Due to invasion by the Turks, followed by the rule of the Habsburg Dynasty, the architecture of its inland regions was not well developed. Croatian literature in the 19th century was very rich, pairing with the long history of Serbian literature. The Illyrian Movement, which had a drastic impact on other Balkan countries, also emerged in Croatian literature and produced many well-known writers, such as Ljudevit Gaj.

斯洛文尼亞共和國 The Republic of Slovenia

國家概況

簡 稱：斯洛文尼亞

政 體：議會制共和制

首 都：盧布亞納

地理概況

位 置：歐洲南部巴爾幹半島西北部

國土面積：2.03萬平方公里

氣 候：山地氣候、溫帶大陸性氣候和地中海氣候

社會概況

全國人口：約206.4萬

主要民族：斯洛文尼亞族

官方語言：斯洛文尼亞語

主要宗教：天主教

經濟概況

支柱產業：加工業、旅遊業

貨 幣：歐元

6世紀末，斯拉夫人遷移到現斯洛文尼亞一帶。9世紀至20世紀初，斯洛文尼亞一直受德意志國家和奧匈帝國統治。1918年底，斯洛文尼亞與其他一些南部斯拉夫民族聯合成立塞爾維亞人—克羅地亞人—斯洛文尼亞人王國，1929年改稱南斯拉夫王國。1941年，德國、義大利法西斯入侵南斯拉夫。1945年，南斯拉夫各族人民贏得反法西斯戰爭的勝利，並於同年11月29日宣告成立南斯拉夫聯邦人民共和國，1963年改稱南斯拉夫社會主義聯邦共和國，斯洛文尼亞為其中的一個共和國。1991年6月25日，斯洛文尼亞議會透過決議，宣佈脫離南斯拉夫社會主義聯邦共和國成為獨立的主權國家。

1992年4月27日，中國正式承認斯洛文尼亞，5月12日兩國簽署建交公報，正式建立外交關係。

斯洛文尼亞人見面禮節以握手為主，擁抱、親臉、貼面頰等僅限於親人、熟人之間。在公共場合，關係親近的婦女之間親臉，男子之間擁抱，男女之間貼面頰，晚輩對長輩親額頭。

斯洛文尼亞的飲食主要起源於三大飲食文化：潘諾尼亞文化、阿

爾卑斯文化和地中海文化。最古老的斯洛文尼亞食物用麵粉和去殼的燕麥製作而成，其中最知名的是麵包。真正具有斯洛文尼亞特色的食物是波提察(potica)，這是一種甜點，每逢節日食用，製作的時候會使用各種不同的餡。

斯洛文尼亞男子的民族服裝主要是襯衣和長褲，加上背心、短外套、帽子等。婦女的民族服裝為繡花或有花邊的短襯衣、背心、裙子、圍裙、腰帶、頭巾，但日常生活中已看不到此類傳統服裝。

斯洛文尼亞民族服裝 National costume of Slovenia

斯洛文尼亞人多信仰天主教，與其他天主教國家禁忌相似。

特色節日

國慶日　6月25日

斯洛文尼亞狂歡節 Ptuj Carnival

　　由於斯洛文尼亞的國家歷史一直處在不斷地分裂、合併之中，斯洛文尼亞的文化融合了許多國家、地區和民族的特點。9世紀至20世紀初，斯洛文尼亞一直受德意志國家和奧匈帝國統治，德意志國家的版畫和繪畫技法對斯洛文尼亞美術產生了重要影響。1918年底，在成為南斯拉夫王國的一部分之後，斯洛文尼亞美術受到西方國家影響，流派紛呈，風格迥異。位於地中海沿岸的皮蘭古城是保存完好的中世紀小城，建築上帶有威尼斯的風格。

　　斯洛文尼亞美術在14世紀至16世紀曾有過精美的壁畫，但是由於長期在奧匈帝國控制下未能得到正常發展。直到19世紀下半葉才真正湧現出第一批有影響的藝術家，如舒比茨兄弟等人。他們堅持現實主義道路，創作出一系列優秀的作品。19世紀，斯洛文尼亞的版畫也很出色，弗•特拉特尼克的版畫作品有著鮮明的社會和時代色彩，素描《寡婦》《私生子》以及政治漫畫《札格雷布的訴訟》都是很有特色的作品。

　　1900年，在斯洛文尼亞出現了一個由反對官方學院派藝術家們組織的薩瓦社。這個組織強調在藝術上排除德國的影響，發揚民族傳統

和民族精神，著名畫家伊萬•格勞哈爾是該組織的重要創始人之一。第一次世界大戰以後，斯洛文尼亞的美術流派紛呈，湧現出許多不同風格的畫家、雕塑家。

播種者/ 伊萬•格勞哈爾 The Sower / Ivan Grohar

《播種者》由斯洛文尼亞印象派畫家伊萬•格勞哈爾（1867—1911）於1907年創作完成，畫面描繪了一個在清晨的霧氣中播種的農民。整幅畫既表現了人與自然的關係，也像徵著19世紀的斯洛文尼亞作為一個充滿活力的國家，面對著未知的命運。該畫曾被印在斯洛文尼亞5分硬幣上面。

Slovenia

As Slovenia was constantly undergoing separations and mergers throughout its history, Slovenian culture has integrated the characteristics of many nations, regions, and ethnic groups.

From the 9th century to the beginning of the 20th century, Slovenia was under the control of the German Reich and the Austro-Hungarian Empire. German printmaking and painting techniques had a pronounced effect on Slovenian art.

By the end of 1918, Slovenia merged with other southern Slavic countries, becoming part of the new Kingdom of Serbs · Croats and Slovenes, which was renamed the Kingdom of Yugoslavia in 1929. Thereafter, inspired by the arts of western countries, the schools and styles of Slovenian art became significantly more diversified.

馬其頓共和國 The Republic of Macedonia

國家概況

簡 稱：馬其頓

政 體：議會制共和制

首 都：斯高彼亞

地理概況

位 置：歐洲南部巴爾幹半島中部

國土面積：2.57萬平方公里

氣 候：溫帶大陸性氣候

社會概況

全國人口：約209.6萬

主要民族：馬其頓族、阿爾巴尼亞族

官方語言：馬其頓語

主要宗教：東正教

經濟概況

　　7世紀，斯拉夫人遷居馬其頓地區，10世紀下半葉至1018年，薩莫伊洛建立了第一個斯拉夫人的馬其頓國。14世紀開始，馬其頓地區長期處於拜占庭和土耳其統治之下。第一次世界大戰後，馬其頓作為塞爾維亞的一部分併入南斯拉夫王國。第二次世界大戰後，南斯拉夫聯邦人民共和國成立。1963年改稱南斯拉夫社會主義聯邦共和國。原

屬塞爾維亞的瓦爾達爾馬其頓成為南斯拉夫聯邦的組成單位之一，稱馬其頓共和國。1991年11月20日，馬其頓宣佈獨立。

支柱產業：工業、農業

貨幣：代納爾

1993年10月12日，中國和馬其頓建立大使級外交關係。2001年6月18日，馬其頓與中國恢復外交關係，並與臺灣當局斷絕所謂的「外交關係」。2011年11月25日，中方向馬其頓援助校車，專案交接儀式在馬其頓總理府舉行。

馬其頓人在國際場所遵照國際禮儀，行握手禮，親朋好友見面會行貼面禮或擁抱。採用國際通用稱呼，稱男士為「先生」，稱女士為「夫人」「小姐」。馬其頓人熱情好客，如被邀請到私人家裡做客，一般不要遲到，可以帶花、葡萄酒或巧克力作為小禮物。送花時，注意送單數，表示喜慶。送雙數花通常用於葬禮。

馬其頓沿襲了南斯拉夫聯邦的飲食習慣，比較簡單。主食以麵食為主，其口味偏重，不怕油膩，而且愛吃辣味食品。馬其頓有著優質的小麥，做出的皮塔餅、麵包或比薩，從麥香、口感以及營養等方面都很好。拉斯是馬其頓美食不可分割的一部分，常常和沙拉搭配。

馬其頓人在正式社交場合較注重服飾衣著，男士通常穿西裝，女士通常穿裙裝或套裝。馬其頓民族服裝有著自身特色：婦女喜穿立領繡花襯衣和短背心，常穿圍裙，配以彩色腰帶、頭巾和平頂錐形小帽；男子傳統服飾為上穿襯衣、呢背心或皮背心，下穿長褲，佩色彩鮮豔的腰帶。在當地，舉行婚禮時人們會身穿傳統服裝慶祝3天。

馬其頓民族服飾 National Costume of Macedonia

　　在馬其頓，下午5點前拜訪或打電話是不禮貌的。做客時拒絕主人提供的食物或飲料會被認為不尊重。在公共場合不可以大聲說笑。吃東西的時候發出聲音或是打嗝，在公共場合剔牙、擤鼻涕被認為是粗魯的。

特色節日

國慶日　9月8日

奧赫里德聖克萊門特節 Ohrid San Clemente Festival

卡列城堡 Kale Castle

　　卡列城堡位於馬其頓的瓦爾達爾河左岸，建於6世紀初，從城堡上可以俯瞰整個斯高彼亞市。城堡的建築體現了拜占庭時期的風格。

　　古代馬其頓帝國在此興起，受希臘文明的影響，並把希臘文明傳播到中東各地。前5世紀初，波斯侵略希臘，馬其頓一度被波斯統治，馬其頓帝國也受到了濃郁的波斯文明的影響。之後，馬其頓先後被羅

馬帝國、拜占庭帝國等統治，受到多種文化的影響。直至1991年，馬其頓獨立，逐步走向自主發展的道路，並取得了較為顯著的發展成果。

希臘化和羅馬時期（前7世紀—6世紀）

古馬其頓為希臘文明北端的邊疆地區，大約在前7世紀，一批講希臘語的部落遷至馬其頓，將希臘文明帶入馬其頓。藝術的主要題材內容為希臘神話和以宙斯為首領的奧林匹亞山的眾神體系。建築的主要成就是神廟，典型樣式為圍柱式，即建築用柱廊環繞。雕刻人物處於正面直立的僵硬狀態。在之後的希臘化時代，藝術在內容上側重描繪享樂性的世俗生活，在形式上追求宏偉壯麗的風格，在人物表現上強調個性化。其突出成就主要反映在建築、肖像雕刻和壁畫方面。標誌性建築是位於奧赫里德湖畔的奧赫里德古城區，它於1980年被列入《世界遺產目錄》。前168年，羅馬佔領希臘，羅馬文明傳入馬其頓。這一時期的美術吸收了希臘美術成就，繼承了埃特魯斯坎美術傳統，而更加推向實用主義。6世紀，在瓦爾達爾河左岸建成的凱勒要塞又稱為卡列城堡，主要用來防禦。1世紀，在保羅的三次傳教旅程後，基督教傳入馬其頓。早期的基督教大教堂帶有塞薩洛尼基特色，地板上佈滿了馬賽克肖像，並呈現高超的技術水準，石雕和神像都是赤陶土製成的。

奧赫里德古城區 Villa Old Town‧ Ohrid

奧赫里德古城位於馬其頓的奧赫里德湖畔，建於前3世紀，歷史上是古羅馬大道上的交通中心之一。中世紀時期，這裡是東正教的文化中心之一，保留下來很多東正教教堂。製作的聖像，模式重複單調，繪畫標準化，題詞和簽名用拉丁文書寫，聖徒沒有光環。

拜占庭時期（7—14世紀）

7世紀到9世紀中期，馬其頓被拜占庭入侵，進入拜占庭文明時期。這一時期繪畫中，程式化了的人物形像有著聖者的超然和宮廷的優雅。其衣飾細節處理反映了半東方式的奢華。最常見的是翅膀交疊的大天使米迦勒，以及身著拜占庭士兵服裝騎在馬上的聖希歐多爾。君士坦丁大帝的十字架，象徵性的動物和花卉圖案也常常出現。建築相較於君士坦丁堡和塞薩洛尼基顯得簡樸。8世紀至9世紀的拜占庭爆發了聖像破壞運動，對藝術發展造成了嚴重的影響。在禁用聖像的時期，教堂採用了幾何與花卉圖案。843年聖像爭論平息之後，拜占庭美術發展進入了第二興盛期，即馬其頓文藝復興時期。這一時期的美術創作被納入一套固定的圖像模式，創作主題和表現手法都向程式化發展。藝術形象開始表現出一定的人間情感。壁畫是拜占庭時期馬其頓最偉大和最美麗的藝術成就，也是歐洲中世紀數量最多的繪畫成就。最傑出的作品有1164年的那熱孜壁畫、13世紀末位於奧赫里德地區的聖尼古拉斯島教堂和聖索菲亞教堂壁畫。代表畫家大多出現在13世紀到15世紀上半葉，有蘆丁、優迪基烏，修道士格里格魯斯等。壁畫在沙皇薩穆伊爾統治時期得到第一次發展，並且受到東方文明的影響。畫家們大多來自塞薩洛尼基，重視面部表情和構圖的精準。12世紀後半葉，壁畫開始注重表達人物的內心情感，色彩精緻，色調溫暖，並且出現戲劇性的場景。

迄今發現的馬其頓最古老的聖像雕塑出現在11世紀和12世紀初期的奧赫里德古城區。13世紀上半葉，聖像雕刻變得精緻，將古典和當

代元素相結合。14世紀初，馬其頓藝術界受到安德列斯•帕里奧洛加斯創作風格的影響，創作出大量的作品，如《失落的湯瑪斯》《受洗的基督》《復活》等。大都會約翰佐格拉夫和祭司卡里烏斯兄弟創作的《神聖的聖母瑪利亞》和《耶穌基督：救世主和給予者》代表了馬其頓的聖像藝術的最高水準。

聖母報喜 The Annunciation

《聖母報喜》壁畫繪於奧赫里德的聖克萊門特教堂，是最受喜愛

的拜占庭風格的聖像畫之一，創作於14 世紀早期。

奧斯曼帝國時期（15—19世紀）

15世紀初，奧斯曼帝國開始統治馬其頓，將土耳其文明伊斯蘭文化帶入馬其頓。在建築方面，馬其頓將基督教傳統和10世紀以來的圓頂結構的伊斯蘭傳統結合起來，形成了集中式圓頂建築新風格。最著名的建築是1492年建於舊巴扎的穆斯塔法•帕夏清真寺。繪畫方面出現了伊斯蘭細密畫。在被奧斯曼帝國征服初期，基督教的聖像畫和壁畫發展被抑制，但是在15世紀再一次得到發展。15世紀中葉，佐格拉夫•迪米特里加和他的同伴祖梵為托普利察河修道院的聖幛創造了聖像。16世紀初期，祭司僧侶格拉西姆和卡林尼克繼承了基於奧赫里德畫派的新聖像畫傳統。木雕受中東元素的影響很大，早期為阿拉伯風格的淺平雕刻，直到17世紀被更複雜的樣式取代。很多修道院中的木雕雕刻較淺，層次交叉少，具有豐富的幾何交織的花卉和動物圖案。

20世紀至今

1946年，馬其頓成為南斯拉夫的一個加盟共和國。現代繪畫以歷史寫生畫和聖像畫傳統為基礎。

馬其頓文學作品起源於19世紀，並在第一次世界大戰後的革命運動推動下，形成了馬其頓新文學。著名詩人科•拉青的詩集《白色的曙光》是用馬其頓文出版的第一部作品。瓦•伊廖斯基、安•帕諾夫等的戲劇作品描寫了農民和工人的悲慘命運及其革命意識的覺醒。

馬其頓音樂深受斯拉夫和希臘的影響，旋律與塞爾維亞民歌較接近，節奏則有明顯的土耳其—阿拉伯色彩，常以伴舞的形式存在。最流行的器樂是舞曲科洛，流傳地域很廣。常用的民間樂器有錢帕雷塔（一種小鈸），撥絃樂器古斯萊、坦布拉，管樂器特魯巴、舒佩卡、卡瓦爾等。

Macedonia

The ancient Macedonian Empire was influenced by Greek civilization and spread Greek culture to the rest of the Middle Eastern countries. In the early 5th century BC, the Persians invaded Greece, and Macedonia also subjected to the rule of the Persians for a period of time, which left the mark of the rich Persian civilization on the Macedonian Empire. Thereafter, Macedonia was consecutively dominated by the Roman Empire, the Byzantine Empire, and other rulers and was influenced by each culture.

Ancient Macedonia was located at the northernmost border of the Greek civilization. In approximately the 7thcentury BC, a group of Greek-speaking tribes moved to Macedonia, bringing Greek culture with them. The main subject matter of art at that time was Greek mythology and the gods of Mount Olympus, with Zeus as the key figure. The main architectural achievements were the temples and the country's distinctive architectural style was the peripteral style, where the buildings were surrounded by colonnades. Ancient Macedonia's landmark building was in the ancient city of Ohrid, located near Lake Ohrid.

From the 7th century to the mid-9th century, the Byzantine Empire invaded Macedonia, symbolizing the beginning of the Byzantine civilization. The paintings during this period tended to have stylized characters, with the aloofness of saints and the elegance of royals, and the handling of the clothing details partially reflected the opulence of a semi-oriental style. The most common figures in the paintings were Saint Michael the Archangel with his wings overlapped, and Saint Theodore dressed as a Byzantine soldier on horseback. From the 8th to the

9th century AD, iconoclasm erupted in the Byzantine Empire · leading to a substantial and negative impact on the development of the arts. During this period, when icons were forbidden, churches began to adopt geometric and floral patterns.

In the early 15th century, the Ottoman Empire took power in Macedonia, bringing in Turkish civilization and Islamic culture. Its architecture integrated a traditional Christian style with Islamic domed structures from the 10thcentury, forming a new centralized dome style. Its modern paintings were based on traditional historical painting and icon painting. In the 19th century, a revolutionary movement after World War I generated a new form of Macedonian literature. White Dawns, written by the famous Macedonian poet Kočo Racin, was the first published piece of literature from Macedonia. Influenced by Slavic and Greek music, the melodies of Macedonian music are quite similar to those of Serbian folk songs, whilst its rhythms have a notable Turkish-Arabian style. Macedonian music is often accompanied by dancing.

旅行指南

俄羅斯聯邦

簽證與辦事處

俄羅斯聯邦駐華大使館

地　　址：北京市東城區東直門北中街4號

電　話：010-65322051/65321381

65321291/65321267（領事處）

傳　真：010-65324851（使館）

65324853（領事處）

電子郵箱：embassy@russia.org.cn簽證申請須知

1. 自2014年4月26日起，中國公民持外交、公務護照可免簽入境俄羅斯，持公務普通和普通護照需提前申辦簽證。

2. 多次簽證自第一次入境之日起每180天內，在俄羅斯一次或幾次停留的時間不可超過90天。

3. 其他俄羅斯機關簽發的簽證，不予延期。

4. 除如因故未領到簽證之外，外交部、移民局和公司邀請函原件

不予退還。

　　5. 如簽證申請表填寫不完整，不辦理簽證。

　　6. 如需要，可能要求申請人提供補充檔或面試。

　　7. 如幾人被同時邀請，則每位申請人均應提供一份完整的檔。

　　8. 申請人應本人來送取簽證或提供公證過的委託書。

　　9. 中俄雙方已經簽署了團隊旅遊互免簽證協定，中國公民透過團隊赴俄旅遊可免辦簽證。

　　10. 簽證申請時，需一次性支付全部簽證費用。如因故未領到簽證，將不予退還所交簽證費用。

　　11. 申請特急簽證時間：9：00—11：00。

　　12.簽證諮詢：010-65321267 / 65321991。

🌐

　　13. 諮詢時間：週一至週五14：00—18：00。

🧭

交通情況

✈️

　　北京有抵達莫斯科、聖彼德堡、新西伯利亞、伊爾庫茨克的航班，上海、香港、哈爾濱、烏魯木齊有抵達莫斯科的航班。莫斯科是俄羅斯最大的航空樞紐，有4個民航機場，伏努科沃、多莫傑多沃、謝列梅捷沃和貝科沃。中國有直達莫斯科的航班，降落謝列梅捷沃機場，機場地址為謝列梅捷沃2號。聖彼德堡是第二大國內和國際航空港，同200個國內城市和獨聯體國家城市以及近20個國家通航。此外，還有葉卡捷琳堡、新西伯利亞、克拉斯諾亞爾斯克、伊爾庫茨克、哈巴羅夫斯克（伯力）等大型航空樞紐。

乘火車去俄羅斯，雖然耗費時間很長，但沿途風景十分迷人。可以看到西伯利亞、貝加爾湖、白樺林以及俄羅斯農莊。中國遊客乘車去俄羅斯，可以在北京乘坐「北京—莫斯科」國際列車，也可以從內蒙古或黑龍江乘車到達。從北京出發的列車：K3/4次車途經大同、二連、紮門烏德、烏蘭巴托、伊爾庫茨克、新西伯利亞等站，路上約127小時；K19/20次途經瀋陽、長春、哈爾濱、滿州裡、外貝加爾斯克、伊爾庫茨克、新西伯利亞等站，路上約143小時。

　　著名景點：

克里姆林宮

　　開放時間：週五至週三10：00—18：00（售票時間為9：00—16：30），週四不開放。伊凡大帝鐘塔每天開放5場，分別為10：15、11：30、13：45、15：00、16：00；兵器博物館每天開放4場，分別為10：00、12：00、14：30、16：30。

克里姆林宮 Grand Kremlin Palace

莫斯科市中心的博羅維茨基山崗上

+7 495 695 4146

www.kreml.ru/en-Us/museums-moscow-kremlin/

紅場

開放時間：紅場全天開放，無需安檢，但如碰上勝利日（5月9日）和接待外國來賓的時候，紅場會被關閉，遊客只能在週邊觀看。

莫斯科市中心

紅場 Red Square

瓦西里升天大教堂

開放時間：3月26日—4月3日，5月10日—5月31日，9月1日—

11月9日11：00—18：00，6月1日—8月31日10：00—19：00，售票處提前半小時關閉，週三閉館。

莫斯科市中心的紅場南端

+7 495 698 3304

www.saintbasil.ru

瓦西里升天大教堂 Saint Basil's Cathedral

冬宮

開放時間：週二、週四、週六至週日10：30—18：00，週三和週五10：30—21：00，週一、元旦及5月9日(衛國戰爭勝利日）閉館。另每月的第一個週四全館免費入場。閉館前半小時停止售票。建議提前查看官網確認開放時間。

聖彼德堡市宮殿廣場

+7 812 710 9079

www.hermitagemuseum.org

冬宮 Winter Palace

彼得大帝青銅騎士像

開放時間：全天開放

聖彼德堡市涅瓦河南岸

彼得大帝青銅騎士像Bronze Horseman

聖彼德堡滴血大教堂

　開放時間：週四至週二10：30—18：00，週三不開放，5月1日—9月30日增設夜間開放時間18：00—22：30。閉館前30分鐘停止售票。

聖彼德堡市格里鮑耶陀夫運河沿岸街

+7 812 315 1636

www.cathedral.ru

聖彼德堡滴血大教堂 Church of the Savior on Spilled Blood

蒙古國

簽證與辦事處

蒙古國駐華大使館

地　　址：北京市朝陽區建國門外秀水北大街2號

電　話：010-65326512轉120/106/108（簽證處）

傳　真：010-65326216

電子郵箱：beijing@mfat.gov.mn簽證申請須知

1. 中國公民持外交、公務和公務普通護照可免簽入境蒙古，持因私普通護照需要事先獲得蒙古簽證方可入境。

2. 簽證申請由蒙古國駐華使領館受理。不接受郵件申請。

3. 簽證可由護照持有人本人或由本人授權的代理人申請。

4. 申請個人商務、旅遊或學習簽證，應從蒙古接待方獲取官方或個人的邀請函。簽證邀請函必須是由蒙古外交部批準(公務邀請函）或由蒙古國公民註冊與資訊中心簽發 (因私邀請函）。

交通情況除蒙古國內航線外，從烏蘭巴托可飛往東京、大阪、首爾、柏林、莫斯科及伊爾庫斯克。北京至烏蘭巴

托航線每天均有航班往返，烏蘭巴托至上海、香港、呼和浩特有定期航班。

蒙古航空集團Hunnu Air公司

www.Mongolianairlinesgroup.com/

+976 7000 1111/7000 2222/7012 2179著名景點

額爾德尼昭

開放時間：全天開放

烏蘭巴托市哈勒和林遺址

額爾德尼昭 Erdene Zuu Monastery

大韓民國

🔲

簽證與辦事處

大韓民國駐華大使館

地　　址：北京市朝陽區亮馬橋北小街7號

電　話：010-85320404

傳　真：010-85310726

網　址：http：//chn.mofat.go.kr/worldlanguage/
asia/chn/main/index.jsp

電子郵箱：chinawebmaster@mofa.go.kr簽證申請須知

🛈

簽證種類：旅遊簽證、工作簽證、商務簽證和探親

簽證等多種。根據所在地區領事機構、護照和簽證

種類及代辦機構的不同，簽證申請程式和所需材料

也不同。韓國對部分中國公民實行限制性無簽證入

國許可制：

一、持中國大陸護照的遊客可申請免簽進入韓國濟州島30天停留。

二、過境旅客。持有美國、加拿大、澳大利亞、新西蘭以及30個歐洲國家（希臘、荷蘭、挪威、丹麥、德國、拉托維亞、羅馬尼亞、盧森堡、立陶宛、列支敦士登、馬爾他、比利時、瑞典、瑞士、西班牙、斯洛伐克、冰島、愛爾蘭、愛沙尼亞、英國、奧地利、義大利、捷克、賽普勒斯、葡萄牙、波蘭、法國、芬蘭、匈牙利、斯洛文尼亞）中任何一國入境簽證的中國旅客，欲經過韓國去以上國家，或由上述國家出發經由韓國回國時，透過入境審查後可免簽在韓國停留30天以內。敬請注意的是，韓方規定，此類免簽入境人員，必須持有30天內的出國機票，並在以上國家沒有非法滯留等違法行為，停留期滿後必須前往第三國，不允許返回原出發地。

三、青少年修學旅行團。

🧭

交通情況

✈

韓國的首爾、仁川、釜山、濟州、大邱、務安、清州、襄陽等多個城市與中國有直航，可以抵達中國北京、上海、天津、廣州等多個城市。具體航線及時刻表請查詢相應網站：仁川國際機場、韓國機場公社。在韓國國內，首爾、仁川、釜山、光州、濟州、木浦、蔚山等主要城市間通航，具體請查詢各航空公司網站：大韓航空、韓亞航空等。著名景點

青瓦臺

開放時間：10：00、11：00、14：00、15：00，每週一、週六、週日及法定節假日不開放，每月第四個週六面向50人以下的個人及家庭遊客。

首爾市鐘路區世宗路

+82 2 730 5800

www.president.go.kr

青瓦臺 Blue House

景福宮

開放時間：11月—次年2月9：00—17：00，3—5月、9—10月
9：00—18：00，6—8月9：00—18：30，週二休息。

首爾市鐘路區社稷路

+82 2 3700 3904

www.royalpalace.go.kr

景福宮 Gyeongbokgung Palace

東大門

開放時間：全天

首爾市乙支路

東大門 East Gate

●

日本國

●

簽證與辦事處

日本國駐華大使館

地　　址：北京市朝陽區亮馬橋東街1號

電　話：010-85319800

傳　真：010-65327081

電子郵箱：visa@pk.mofa.go.jp簽證申請須知

ⓘ

　　簽證種類：外交、公用、教授、藝術、宗教、報導；投資經營、法律會計業務、醫療、研究、教育、技術、人文知識國際業務、企業內轉勤、興行、技能；文化活動、短期滯在；留學、研修、家庭滯在；特定活動；永住者、永住者的配偶者、日本人的配偶者、定住者等。

申辦簽證程式：申辦赴日簽證首先要明確赴日目的。赴日目的不同，申辦簽證的程式相應會有所變化。但不管赴日目的如何，申辦日本簽證首先要求在日本有邀請單位（人）或在中國國內有組團單位。如果中國國內有組團單位，須嚴格按照組團單位的要求行事。如果申請人需要自己親自辦理簽證手續，就需要分兩頭（日本和中國）準備文件。

交通情況

　　從中國前往日本最方便的交通工具是飛機，從北京乘坐飛機至東京約需4個小時。成田機場、關西機場和中部機場，被稱為日本三大國際機場。其他機場國際航班數量較少，但也有飛往中國的航班。日本有連接歐洲、亞洲和美洲各主要城市的龐大航線網路，世界各國的主要航空公司也有飛往日本各主要城市的航班。日本各地機場內購物、美食等便於旅客利用的設施十分齊全。

　　著名景點姬路城天守閣從京都站乘新幹線約60分鐘、從新大阪站乘

新幹線約45分鐘、從姬路站步行約15分鐘，乘

巴士在「姬路城大手門前」下車後步行5分鐘；

無專用停車場（附近有收費的公營停車場）

開放時間：9月1日—4月26日9：00—16：00

（17：00關門），4月27日—8月31日9：00—

17：00（18：00關門），12月29日、30日休息。

兵庫縣姬路市姬山

+81 79 285 1146

www.himejicastle.jp

姬路城天守閣 Himeji Castle Tenshu

嚴島神社

開放時間：1月1—5日期間會根據實際情況而定，1月6日—2月28日6：30—17：30，3月1日—10月14日6：30—18：00，10月15日—11月30 日6：30—17：30，12月1—31日6：30—17：00。

嚴島神社Itsukushima Jinja Shrine

唐招提寺Toshodai Temple

金閣寺Golden Pavilion

廣島縣廿日市嚴島

+81 82 944 2020

唐招提寺

開放時間：8：30—17：00（最後進入時間：16：30）

搭乘近鐵道原線在「西之京」下車，步行約10分鐘，或搭乘奈良
交通六條山方向的巴士在「唐招提寺」下車，車程約17分鐘。

奈良縣奈良市西京五條

www.toshodaiji.jp/index.html

金閣寺

開放時間：9：00—17：00，全年無休。

乘12路等多路公車到「金閣寺前站」下車

京都府京都市北區

+81 75 461 0013

www.shokoku-ji.jp/k_about.html

桂離宮

開放時間：週六、週日、法定假日，12月28日—次年1月4日以及有特別活動時不開放。

京都府京都市西京區

+81 75 211 1215

http：//sankan.kunaicho.go.jp/guide/katsura.html

桂離宮 Katsura Imperial Villa

東京塔

開放時間：9：00—23：00(大眺望廳22：30停止入場，特別眺
望廳22：30停止入場），來塔人數過多時可能提前停止售票。

東京市都港區芝公園

+81 3 3433 5111

www.tokyotower.co.jp/cn/secret/

東京塔 Tokyo Tower

哈薩克共和國

簽證與辦事處

哈薩克共和國駐華大使館

地　　址：北京朝陽區三里屯東六街9號

電　　話：010-65324189/65326182/65324779

傳　　真：010-65320636

電子郵箱：kz@kazembchina.org簽證申請須知

1. 哈薩克簽證主要分為外交簽證、公務簽證、旅遊簽證、因私簽證、商務簽證、工作簽證、投資簽證、宗教簽證、學習簽證、長居簽證、出境簽證、過境簽證。

2. 持外交護照、公務護照的中國公民赴哈無需辦理簽證，持哈有

效定居證者出入哈境時亦無須辦理簽證。

3. 持公務普通護照、因私普通護照的中國公民可到哈駐華使館、駐上海總領事館、駐香港總領事館或駐烏魯木齊簽證代辦點辦理赴哈簽證，所有申請者均須面簽。哈駐外使領館頒發簽證均須經哈國內批準，得到「返簽號」後方可頒發，因此申辦簽證需時較長。

4. 所有赴哈申請人均須提供邀請方出具的申請人在哈居住證明（非酒店訂單），註明申請人姓名、護照號、在哈住址等資訊，該證明可使用掃瞄件、影本和列印件。簽證申請表填寫的在哈住址應與居住證明上所寫住址一致。

5. 哈不辦理落地簽證，赴哈人員須在境外辦理好籤證。

交通情況

目前開通中國和哈薩克直航的航空公司有中國南方航空公司和阿斯坦納航空公司。航線有北京往返阿斯坦納、烏魯木齊往返阿斯坦納、北京往返阿拉木圖、烏魯木齊往返阿拉木圖等。哈薩克境內有兩個國際機場，分別是阿斯坦納機場和阿拉木圖機場。其他機場有阿克套機場、阿克糾賓斯克機場、阿特勞機場、卡拉幹達機場、克孜洛爾達機場、科斯塔奈機場、奇姆肯特機場等。著名景點

巴伊傑列克觀景塔 Bayterek

巴伊傑列克觀景塔

開放時間：10：00—22：00，其中13：00—13：30、

18：00—18：30不開放。

阿斯坦納市中心

吉爾吉斯斯坦共和國

簽證與辦事處

吉爾吉斯斯坦共和國駐華大使館

地　　址：北京市朝陽區霄雲路18號

京潤水上花園別墅H區10/11號

電　話：010-64681297 / 64681292

64681348（領事處）

傳　真：010-64681291

電子郵箱：Kyrgyzstan.embassy.china@gmail.com簽證申請須

知

1. 根據中吉雙邊協定，中國公民持外交、公務護照赴吉爾吉斯斯
坦免辦簽證，可停留30日。如停留超過30日，則需到吉外交部領事局

辦理簽證。

2. 持其他類護照者赴吉須辦理簽證。

3. 赴吉簽證按目的分為旅行、商務、留學、探親和過境簽證。

4. 簽證申請需要吉方的邀請函。

5. 中國公民可憑吉方個人或組織發出的、經吉外交部領事局確認（核發簽證號）的有效邀請函到吉駐華使館或到烏魯木齊民航辦事處代理簽證處（簽證代辦點）辦理赴吉簽證，一般為1個月入境簽證。

6. 申請人抵吉後，可根據赴吉目的分別向吉外交部領事局或內務部護照簽證登記處申辦相應種類的簽證延期手續。

7. 如申請人擬在吉投資、經商或打工，則需先向吉移民局申請勞動許可證，然後憑此證申辦1年多次出入境簽證。

交通情況

中國飛吉爾吉斯斯坦的主要航線有3條：烏魯木齊往返比什凱克、烏魯木齊往返奧什、喀什往返比什凱克。著名景點

碎葉城遺址

開放時間：全天開放

托克馬克市西南約8公里處。

碎葉城遺址 Suyab Site

塔吉克斯坦共和國

🔒

簽證與辦事處

塔吉克斯坦共和國駐華大使館

地　　址：北京朝陽區亮馬橋外交公寓LA01-04

電　話：010-65322598

傳　真：010-65323039

電子郵箱：tajembbeijing@mfa.tj簽證申請須知

ℹ️

1. 中國公民持外交、公務、公務普通護照赴塔免辦簽證；中國公民持因私普通護照赴塔，須持相關邀請信到塔駐華使館提出申請，在得到塔外交部領事司確認後，方可獲得入境簽證。

2. 中國公民入境後應在3個工作日內持護照及相關資料到塔移民局辦理登記手續，停留期限超過30天的應持相關資料到塔外交部申請簽

證，持證人不可在塔從事商業活動。逗留期1個月的旅遊簽證無須辦理居留登記手續。

3. 持有旅遊簽證的外國公民須在簽證規定期限（不超過45日）內從塔國離境。旅遊簽證不能改簽為其他種類的簽證。

4. 申請人還應向塔駐華使館領事處出具以下材料：

1）一份按規定格式填寫的簽證申請表。

2）兩張烏面紙彩色照片，尺寸為3 公分×4公分 。

3）有效期超過6個月的護照原件及影本。

4）身份證原件及影本。

交通情況

塔吉克斯坦至中國的新疆烏魯木齊有國際航班，此外還有至莫斯科、聖彼德堡、阿拉木圖、比什凱克、奧什、葉卡捷琳堡、新西伯利亞等的國際航線。塔國內有杜桑貝至胡占德、霍羅格、庫利亞布、彭吉肯特等城市的航班。著名景點

Bekhzod國家藝術博物館

開放時間：週二至週六09：00—16：00，週日

09：00—15：00。

杜桑貝市中心

+992 372 216 036

Bekhzod國家藝術博物館 Bekhzod National Museum

烏茲別克斯坦共和國

簽證與辦事處

烏茲別克斯坦共和國駐華大使館

地　　址：北京市朝陽區三里屯北小街11號

電　　話：010-65326305 / 65322551

65323621（領事處）

傳　　真：010-65326304

電子郵箱：embassy@uzbekistan.cn簽證申請須知

1. 中國公民持外交護照赴烏茲別克斯坦免簽，持其他種類護照須提前辦妥簽證。

2. 烏駐華使館、駐上海總領館頒發商務、旅遊等入境簽證，簽證有效期一般不超過1年。

3. 除簽證上註明的可停留地點外，持過境簽證者不得在烏其他地點停留。

4. 在烏停留超過3天者，除住賓館外，必須到烏當地內政部門辦理登記手續。

5. 根據合約來烏工作的外國人，憑烏對外勞務移民署確認函及法人邀請函，可獲得停留期超過3個月的簽證。

6. 乘汽車、駕貨車過境者，須在烏對外開放的國際公路上行駛且須按所持路線單上註明的路線過境。

交通情況

中烏之間開通了北京至塔什幹直航（中國南方航空公司每週一、五，烏國家航空公司每週二、三）和烏魯木齊至塔什幹直航（中國南方航空公司每週四、週日，烏國家航空公司每週三、週六）。

著名景點：

列吉斯坦廣場

開放時間：4—10月8：00—19：00，11月—次年3月9：00—17：00。

撒馬爾罕市中心

列吉斯坦廣場 Registan

土庫曼斯坦

🅑

簽證與辦事處

土庫曼斯坦駐華大使館

地　　址：北京市朝陽區霄雲路18號

京潤水上花園別墅雅趣園D-1

電　話：010-65326975

傳　真：010-65326976

電子郵箱：embturkmen@netchina.com.cn簽證申請須知

ℹ️

1. 中國公民持外交、公務、公務普通護照赴土免辦簽證，但入境時須出示正式邀請函。正式邀請函在土移民局辦理，一般需7—10天。中國公民持因私普通護照赴土須提前辦妥簽證。

2. 中國公民赴土可辦理落地簽證，須事先由邀請人在土首都或各州移民局辦理落地簽手續。入境時須提供護照（有效期不少於停留期）、邀請函、移民局的批準函、健康證明和其他相關文件。停留期依據邀請函而定。

3. 土庫曼斯坦簽證分為外交、公務、商務、因私、過境、學習、旅遊等類別。

4. 外國公民入境土時須填寫兩份入出境登記表，其中一份在入境時交邊防檢查站，另一份在離境時交邊防檢查站。

5. 旅遊簽證只能透過旅行社辦理。

●

交通情況

✈

土庫曼斯坦目前有兩個國際機場和「土庫曼航空」一家航空公司，與十幾個國家和地區通航。阿什哈巴德市國際機場距離市區很近，乘公車和計程車都很方便。土國內各主要城市均有航班連接。土庫曼航空：

☎

+993 12 391 717（阿什哈巴德總部）010-5907 1627（北京辦事處）

☎

週五、日：阿什哈巴德—北京
週六、日：北京—阿什哈巴德

☎

中國南方航空公司駐阿什哈巴德辦事處：+993 12 363 995

週三、五、日：阿什哈巴德—烏魯木齊

週二、四、六：烏魯木齊—阿什哈巴德著名景點

庫尼亞—烏爾根奇

開放時間：全天開放

達紹古茲州阿姆河南面

庫尼亞—烏爾根奇Kunya-Urgench

阿塞拜疆共和國

簽證與辦事處

阿塞拜疆共和國駐華大使館

地　　址：北京市朝陽區建國門外大街齊家園

外交公寓B-3

電　　話：010-65324614

傳　真：010-65324615

電子郵箱：mailbox@azebembassy.org.cn簽證申請須知

1. 根據中阿互免簽證協議，中國公民持外交護照、公務護照和公務普通護照赴阿免辦簽證。

2. 中國公民持因私普通護照赴阿須提前在阿駐華大使館申辦簽證。

3. 阿簽證根據訪問目的可分為旅遊簽證、商務簽證、探親簽證和過境簽證。

4. 一次入境簽證一般有效期30天；兩次入境簽證有效期為3個月；多次入境簽證有效期為1年。

交通情況阿塞拜疆共和國首都巴庫市空中交通便利，與

莫斯科、聖彼德堡、喀山、德黑蘭、塔什幹、巴黎、

倫敦、維也納、迪拜、基輔、伊斯坦布爾、第比利

斯、北京、烏魯木齊開通了定期航班，由俄羅斯航

空公司、阿塞拜疆航空公司、英國BMI航空公司、

奧地利航空公司、迪拜航空公司、烏克蘭航空公司、

土耳其航空公司、中國南方航空公司等執飛。

中阿之間每週有中國南方航空公司的兩個定期航班

（週一、週五從烏魯木齊發出）和阿塞拜疆航空公

司的三個航班（週二、週五、星期日從巴庫發出，

週三、週四、星期日從北京發出）。

中國南方航空公司巴庫辦事處

+994 12 488 0666著名景點

少女塔

開放時間：10：00—18：00

巴庫老城中心

少女塔 Maiden Tower

亞美尼亞共和國

簽證與辦事處

亞美尼亞共和國駐華大使館

地　　址：北京市朝陽區塔園南小街9號

電　話：010-65325677

傳　真：010-65325654

電子郵箱：armchinaembassy@mfa.am簽證申請須知

1. 中國公民持外交、公務、公務普通護照赴亞美尼亞免辦簽證。

2. 持因私普通護照的中國公民須提前向亞美尼亞駐華使館申辦簽證。

3. 亞美尼亞簽證種類主要有：外交簽證、公務簽證、訪問簽證（訪問目的為旅遊、探親、訪友、商務、運輸、求醫和其它短期目的）和過境簽證。

4. 亞訪問和過境簽證如需延期，須在簽證到期前向亞美尼亞員警總署護照和簽證局申請延期。

交通情況

亞中兩國尚未開通直航。目前，亞美尼亞與俄羅斯（莫斯科、聖彼德堡、克拉斯諾達爾、葉卡捷琳堡、索契）、烏克蘭（基輔）、法國（巴黎）、奧地利（奧地利）、義大利（羅馬）、土耳其（伊斯坦布爾）、伊朗（德黑蘭）、阿聯酋（迪拜）等國開通直航。

首都葉裏溫有葉裏溫茲瓦爾諾茨國際機場。機場距市中心約10公里，有計程車往返。

機場航班查詢：+374 1 493 000著名景點

亞美尼亞歷史博物館

開放時間：週二至週日11：00—17：00

葉裏溫市中心共和國廣場正北

https：//historymuseum.am/

亞美尼亞歷史博物館History Museum of Armenia

格魯吉亞

簽證與辦事處

格魯吉亞駐華大使館

地　　址：北京市朝陽區霄雲路18號

京潤水上花園別墅G區39號

電　話：010-64681203

傳　真：010-64681202

電子郵箱：geobeijing@gmail.com簽申請須知

ℹ️

1. 中國公民持外交護照、公務護照、公務普通護照赴格免辦簽證，持因私普通護照赴格應提前到格駐華使館申辦簽證。

2. 中國公民入境後，如擬在格停留長於簽證有效期時，應在簽證有效期內向格司法部申請短期或長期居留許可。

3. 入境時格邊防對護照和簽證進行嚴格審查並複印護照，事先備好護照影本，將護照及影本一併交格邊防官員，對方在護照上蓋印後放行。

4. 出境時格方對護照、簽證，特別是居留登記審查十分嚴格，在格居留者務必按格方規定辦理好居留登記手續。

🧭

交通情況

✈️

2011年6月，中國南方航空公司開通了烏魯木齊—第比利斯往返航班，旺季每週二、四、六飛行三班，淡季每週二、六兩班。格魯吉亞目前有第比利斯、巴統、庫塔伊西3個國際機場。第比利斯國際機場位於格首都第比利斯市東南17公里處，可乘輕軌、公共汽車和計程車前往。輕軌、巴士單程票價均為0.5拉里，計程車單程價格為25拉里。

第比利斯國際機場有航班通往：雅典、莫斯科、阿拉木圖、辛菲羅波爾、里加、巴格達、羅馬、特拉維夫、伊斯坦布爾、巴庫、明斯克、烏魯木齊、布拉格、迪拜、阿姆斯特丹、維也納、巴黎、華沙、慕尼克、卡塔爾、安卡拉、基輔、葉卡捷琳堡。國內航班通往庫塔伊西和巴統。庫塔伊西國際機場位於格第二大城市庫塔伊西西14公里

處，航班通往：明斯克、莫斯科、特拉維夫、巴格達。巴統國際機場位於格海濱旅遊城市巴統南2公里處，航班通往：明斯克、特拉維夫、伊斯坦布爾、安卡拉、基輔。著名景點

季瓦里教堂

開放時間：10：00—16：00

茨赫塔—姆季阿涅季州姆茨赫塔市

季瓦里教堂 Jvari Monastery

烏克蘭

簽證與辦事處

烏克蘭駐華大使館

地　　址：北京市朝陽區三里屯東六街11號

電　　話：010-65326359

傳　真：010-65326765

電子郵箱：emb_cn@mfa.gov.ua簽證申請須知

(i)

1. 中國公民持外交、公務護照赴烏免簽，持照人在烏停留90天無需登記，超過90天需到烏外交部登記。

2. 持公務普通護照、普通護照者赴烏須申辦簽證。

3. 持過境簽證單次過境時，於烏克蘭境內逗留時間一次不可超過3天。

(compass)

交通情況

(airplane)

烏克蘭國際航空公司運營基輔—北京直航航班。此外，北京赴基輔還可選擇由莫斯科、維也納、伊斯坦布爾、迪拜、赫爾辛基等地轉機。基輔伯裏斯波爾國際機場距基輔市中心約35公里，可乘公車或計程車往返。著名景點

(museum)

聖索菲亞大教堂

開放時間：4月15日—9月30日9：00—19：00，

18：00停止售票；10月1日—4月15日9：00—

17：00，16：00停止售票;週一休息。

(location)

基輔市中心

(phone)

+380 44 278 2620

http：//sophiakievska.org

聖索菲亞大教堂 Saint-Sophia Cathedral

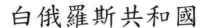

白俄羅斯共和國

簽證與辦事處

白俄羅斯共和國駐華使館

地　　址：北京市朝陽區日壇路東一街1號電　話：010-65321691

傳　真：010-65326417

電子郵箱：china@belembassy.org簽證申請須知

1. 中國公民持外交護照、公務護照赴白免辦簽證，可停留5天，超過5天須辦理簽證。

2. 入境簽證由白方依據簽證申請人要求籤發，過境簽證有效期為1

年，準許停留2天（48小時）；短期簽證有效期3個月，停留期90天；長期簽證有效期1年，停留期90天。

交通情況白俄羅斯空中交通網較發達，同大部分歐洲大城市、獨聯體國家城市都有直飛航線，中白之間有中國國際航空公司北京至明斯克的定期航班。另外，從中國國內赴白俄羅斯也可經維也納、莫斯科或法蘭克福轉機，莫斯科每天均有數次航班直飛白俄羅斯首都明斯克，維也納和法蘭克福也基本每天都有航班直飛白俄羅斯。需注意的是，經莫斯科赴白俄羅斯轉機時需攜行李出機場海關更換機場，要提前辦理好俄羅斯過境簽證。

另外，莫斯科至明斯克的航班可攜帶行李重量最多為20公斤。

明斯克國際機場是白俄羅斯境內最大的機場，距市區約40公里，抵離明斯克的所有國際航班均在這裡起降。該機場內有外幣兌換、餐飲、機場巴士（每小時一班）、計程車（抵達市內約20歐元）

等服務。機場詢問：+375 17 279 1300

白俄羅斯國家航空公司每天均有通往莫斯科、維也

納、法蘭克福、倫敦、巴黎、羅馬、華沙、里加、基輔等歐洲大中城市的往返航班。除白俄羅斯航空外，俄羅斯航空、漢莎航空、奧地利航空、波蘭航空、阿聯酋航空、以色列航空等多家航空公司在白俄羅斯都有定期航班。

白俄羅斯航空公司詢問電話：+375 17 220 2555著名景點

米爾城堡

開放時間：10：00—18：00

格羅德諾州米爾鎮

+375 15 962 8270

米爾城堡 Mir Castle

莫爾達瓦共和國

簽證與辦事處

莫爾達瓦共和國駐華大使館

地　　址：北京市朝陽區塔園外交人員辦公樓2-9-1

電　話：010-65325494

傳　真：010-65325379

電子郵箱：beijing@mfa.md簽證申請須知

1. 持外交、公務和公務普通護照的中國公民入境莫爾達瓦30天內免簽，持其他種類護照或旅行證件者需要在入境莫爾達瓦前辦理簽證。2. 簽證種類：

1）過境簽證，分為機場過境簽和過境簽兩種。

持過境簽證準許在摩停留5天。

2）短期簽證簽（C類），簽發一次/多次入境的有效期180天、停留期不超過90天的入境簽證。此類簽證適用於赴摩進行私人訪問、旅遊、探訪、商業、運輸、體育活動、文化、科學、人文、宗教、短期醫療以及其他合法活動。

3）長期簽證（D類），簽發一次/多次入境有效期不超過12個月、停留期不超過90天的入境簽證。此類簽證適用於赴摩目的為商業活動、工作、學習、家庭團聚、人文宗教活動、外交服務活動、長期醫療。

3. 簽證延期：赴摩簽證延期只能在莫爾達瓦內務

部移民局辦理。

交通情況

莫爾達瓦目前與中國無直達航線，從北京、上海、香港去莫爾達瓦可經莫斯科、基輔、伊斯坦布爾等轉機。首都基希訥烏國際機場目前有近20條航線通往歐洲各國，每天有航班往來於莫斯科、法蘭克福、維也納、伊斯坦布爾、布加勒斯特、布達佩斯之間。每週有2—3

個航班飛往裏斯本、羅馬、雅典、布拉格、基輔、特拉維夫等城市。
莫爾達瓦機場有往返市區的大巴和計程車。

機場詢問：+373 22 252 737著名景點

斯特凡大公公園

開放時間：全天開放

基希訥烏市中心

斯特凡大公公園 Stefan cel Mare Central Park

波蘭共和國

簽證與辦事處

波蘭共和國駐華大使館

地　　址：北京市朝陽區建國門外日壇路1號

電　話：010-65321235 / 65321236/

65321237

傳　真：010-65321745（使館）

010-65323567（領事處）

電子郵箱：pekin.amb.sekretariat@msz.gov.pl簽證申請須知

1. 波蘭屬於申根協議國。

2. 波蘭簽證種類：過境簽證（A）、申根簽證（C）、國別簽證（D）。

3. 簽證持有者須按照簽證上規定有效期和停留天數在申根區或波停留。停留時間不得超過簽證有效期或在有效期內規定停留天數，以及按簽證規定的起止日期，進入和離開申根區或波境內。

4. 簽證有效期最長不超過5年，國別（D類）簽證只在第一年時間裡準許持有人在申根區停留。

5. 波簽證自簽發之日起3個月內有效。

6. 中文檔必須翻譯成英語。

7. 所有檔均需提供原件和影本。

交通情況

波蘭地處歐洲中部，地理位置優越，國際交通便利。德、法、

英、荷、奧、俄等國航空公司均有航班飛往波蘭。波國家航空公司
「LOT」同46個國家的96個城市有定期航班。目前，波有直達中國的
航線（每週三個航班）。波境內主要的國際機場是華沙蕭邦國際機場
和南部克拉科夫的巴厘采國際機場。從兩市內均可乘公車或計程車直
達機場。

華沙國際機場網址：www.lotnisko-chopina.pl

著名景點

華沙聖十字大教堂

華沙市克拉科夫郊區街

+48 22 826 8910

http：//swkrzyz.pl/

聖十字大教堂 Holy Cross Church

克拉科夫市中心廣場

+48 12 422 0521

http：//mariacki.com

聖瑪利亞教堂 St. Mary' s Basilica

奧斯維辛集中營

開放時間：3月、11月8：00—16：00，4月、10月8：00—17：00，5月、9月8：00—18：00，6—8月8：00—19：00，12月—次年2月8：00—15：00。1月1日、12月25日和復活節不開放。

克拉科夫市西南60公里的小城奧斯維辛

http：//auschwitz.org/en/

奧斯維辛集中營 Auschwitz Concentration Camp

聖瑪利亞教堂

開放時間：教堂：週一至週六11：30—18：00，週日14：00—18：00。塔樓：5—8月週二、週四、週六9：00—11：30，13：00—17：30。

捷克共和國

簽證與辦事處

捷克共和國駐華大使館

地址：北京市朝陽區建國門外日壇路2號

電話：010-85329500

傳真：010-65325653簽證申請須知

1. 捷克已加入申根協議國，簽證分為短期簽證（C類）和長期簽證（D類）。

2. 申請者遞交的所有資料必須提供英語譯文（如機票，住宿、酒店訂單等）。

3. 認證資料必須經捷方認可的翻譯（名單可從網站 www.justice.cz中查詢）機構譯為捷克語。中文資料（除銀行存款證明外）需由外交部認證後再經使館認證。

4. 提供的檔資料自出具日期起，180天之內有效。出生證或結婚證書除外。

5. 申請90天以上籤證，需要申請捷方居留許可，登陸網站 www.visapoint.eu進行註冊預約。申請者必須以有效電子郵寄地址註冊。未註冊的申請者不予以受理。申請者在得知長期簽證獲批後，需提交在捷克停留期間的醫療保險。

6. 簽證申請表須填寫完整、正確的資訊，不留空白項，申請人本人簽名。

7. 必須購買涵蓋整個行程意外傷害醫療保險，醫療和醫療救援保額最低3萬歐元。

8. 如被拒簽，不退簽證費。

交通情況

2015年9月，中國海南航空公司開通北京至布拉格直飛航線。捷克首都布拉格機場又稱為瓦茨拉夫•哈威爾機場，分為一號和二號兩個航站樓，一號航站樓起降通往非申根區國家的航班，二號航站樓起降通往申根區國家的航班。

+420 2 2011 1111

www.letiste-praha.cz著名景點

聖維塔大教堂

開放時間：11月—次年3月9：00—16：00（週日

12：00—16：00）。4—10月9：00—17：00（週日

12：00—17：00）。關閉前30分鐘停止進入。

維而塔瓦河西岸的布拉格城堡內

+420 2 2437 2434

www.katedralasvatehovita.cz/en

聖維塔大教堂 St. Vitus Cathedral

瓦茨拉夫廣場

開放時間：全天開放

布拉格市主教廣場北側

布拉格城堡

開放時間：4—10月城堡庭院6：00—22：00，城堡內景9：00—17：00，11月—次年3月城堡庭院6：00—22：00，城堡內景9：00—16：00。布拉格城堡區包含的建築很多，收費參觀專案如教堂、黃金巷和舊皇宮、畫廊等一般在9：00—10：00開放，17：00左右關閉;其中聖維特寶藏展覽、南塔、布拉格城堡騎術學校展覽廳等不包含在通票內的單獨

收費專案在18：00左右關閉。

捷克伏爾塔瓦河的丘陵上

+420 2 2437 3584

www.hrad.cz/en/prague-castle-for-visitors

瓦茨拉夫廣場 Vaclavske Namesti

布拉格城堡 Prague Castle

斯洛伐克共和國

簽證與辦事處

斯洛伐克共和國駐華大使館

地　　址：北京朝陽區建國門外日壇路

電　話：010-65321530 / 65321531

65321537

傳　真：010-65324814

電子郵箱：emb.beijing@mzv.sk簽證申請須知

ⓘ

1. 斯洛伐克簽證分為申根簽證（C類）和國別長期簽證（D類）。

2. 中國公民持外交、公務護照可免簽入境斯洛伐克，持公務普通或因私普通護照者入境前需辦妥簽證。

3. 持香港或澳門特區護照者可免簽入境斯洛伐克。

4. 斯洛伐克已加入申根協議國家。

5. 須購買涵蓋整個旅行期間的意外傷害醫療保險，其中醫療、醫療救援保額至少3萬歐元，使領館以此作為簽發申根簽證的基本前提。

6. 提交完整的簽證申請表和簽證申請所需文件並不確保能獲得簽證。

7. 持有有效簽證並不意味著一定會被允許進入斯洛伐克，斯洛伐克外國人和邊境警察局在入境時有最終的決定權。

8. 申請人須本人遞交簽證申請。

9. 如被拒簽，不退簽證費，但可以申訴。

✦

交通情況

✈

斯洛伐克首都布拉提斯拉瓦的機場較小，僅有幾家歐洲航空公司經營的飛往巴黎、倫敦、布魯塞爾、米蘭的航線。由於客流量不大，且距維也納國際機場僅約45公里，從中國到斯洛伐克旅行一般可選擇直飛維也納機場，然後乘坐計程車或乘公共汽車（票價7歐元）抵達斯洛伐克。

布拉提斯拉瓦機場：+421 2 3303 3353。著名景點

老城區

開放時間：全天開放

布拉提斯拉瓦市

布拉提斯拉瓦老城區 Bratislava Old Town

匈牙利

簽證與辦事處

匈牙利駐華大使館

地　　址：北京市朝陽區三里屯東直門外大街10號

電　話：010-65321431/65321432/65321433

傳　真：010-65325053

電子郵箱：mission.pek@kum.hu簽證申請須知

🛈

1. 匈牙利已加入申根協定國。中國內地公民持因私護照赴匈牙利均須辦理簽證。簽證分為申根簽證和國別簽證。

2. 超過90天的長期居留申請需要採集申請人的生物資訊（如指紋、簽名和圖像）。

3. 匈牙利駐華大使館領事處受理申請者遞交簽證申請，查驗材料的完整性，收取簽證費。

4. 必須購買涵蓋整個旅行期間的意外傷害醫療保險，其中醫療、醫療救援保額至少3萬歐元。

5. 簽證種類：機場轉機簽證（A）、過境簽證（B）、短期停留（或入境）簽證（C）、長期簽證（D）。

6. 申請人須本人遞交簽證申請。

7. 如被拒簽，不退簽證費，但可以申訴。

🧭

交通情況

✈

目前，中國國際航空公司有北京至布達佩斯的直達航班。布達佩斯李斯特國際機場（原名費裡海基國際機場，2011年3月起更名）位於布達佩斯東南，距離市中心約20公里，從機場到市中心交通便利，

機場巴士是理想選擇。乘坐計程車也很方便，但價格較貴。此外，還可選擇從機場乘公共汽車轉乘通往布達佩斯市內的地鐵。

機場問訊：+36 1 296 9696；

機場巴士預訂： +36 1 269 8555。著名景點

匈牙利國家歌劇院

開放時間：週一至週六11：00—17：00

布達佩斯市安德拉什大街

+36 1 814 7100

www.opera.hu/

匈牙利國家歌劇院 State Opera House of Hungary

馬加什教堂

開放時間：週一至週五9：00—17：00，週六9：00—13：00，

週日13：00—17：00。

布達佩斯市漁人堡一側

+36 1 355 5657

www.matyas-templom.hu/

馬加什教堂Matthias Church

愛沙尼亞共和國

簽證與辦事處

愛沙尼亞共和國駐華大使館

地　　址：北京市朝陽區亮馬橋北小街1號電　話：010-85316700

傳　真：010-85316701

電子郵箱：embassy.beijing@mfa.ee；
consular.beijing@mfa.ee

網　　址：www.beijing.mfa.ee簽證申請須知

中國與愛沙尼亞未簽訂互免簽證協定，中國公民（包括港澳居民）赴愛需事先辦理簽證，不能辦理落地簽證。常見簽證類型包括機場過境簽證、短期簽證（有效期6個月，停留期不超過3個月）和長期簽證（有效期6個月以上，停留期3個月以上）。申請時需提交護照、簽證申請表、照片、保險和其他文件。

交通情況

愛沙尼亞當地國際航班均飛往歐洲主要國家，無直飛中國的航班。中國公民赴愛需經停其他國家，如從赫爾辛基或莫斯科轉機。塔林機場是愛沙尼亞最大的國際機場。

塔林機場問訊處：+372 605 8888

芬蘭航空公司北京辦事處：010-65127180

芬蘭航空公司塔林辦事處：+372 626 6309著名景點

塔林歷史中心The Historic Center of Tallinn

塔林歷史中心

開放時間：週一至週五9：00—18：00，週六—週日

9：00—15：00。

塔林市芬蘭灣南海岸

+372 645 7777

www.tourism.tallinn.ee

拉脫維亞共和國

簽證與辦事處

拉脫維亞共和國駐華大使館

地　　址：北京市朝陽區亮馬橋外交公寓A區
02-02別墅
電　話：010-85323009
傳　真：010-85321925
電子郵箱：embassy.china@mfa.gov.lv簽證申請須知

ℹ️

　　拉脫維亞是申根協議國家，中國內地公民赴拉脫維亞前須辦妥簽證。持香港或澳門特別行政區護照者入境拉脫維亞且停留不超過90天免辦簽證。

　　簽證種類：過境簽證、短期簽證（C類簽證）、長期簽證（D類簽證）和本地邊境簽證。本地邊境簽證：根據簡化簽證手續的國際條約發給邊境地區的居民，有效期不超過一年，自入境之日算起，半年內每次在拉脫維亞逗留不得超過90天。持此類簽證者只限入境拉脫維亞，不得前往其他申根簽證國。外交、公務簽證：發給享受外交或領事特權與豁免、為公務目的在拉脫維亞停留的人士。

　　根據拉脫維亞相關規定，中國公民需到拉脫維亞駐華使館辦理入境簽證。拉脫維亞要求簽證申請者提供目的地為「里加」（RIX）的往返機票。

　　特別提示：簽證官有權要求申請人提供更多的資訊和文件。簽證過程一般需14—21個工作日。如被拒簽，簽證申請費用不予退還。可透過電子信箱embassy.china@mfa.gov.lv 或撥打64333863進行簽證預約，預約時需提供邀請函號碼。

🧭

交通情況

✈️

拉脫維亞有里加、文茨皮爾斯、利耶帕亞3個國際機場，但大部分國際航班使用里加國際機場。自里加乘芬蘭航空公司班機從赫爾辛基中轉可達北京、上海、廣州和香港，乘俄羅斯航空公司班機從莫斯科中轉可達北京、上海和香港，其他也可從法蘭克福、維也納、斯德哥爾摩、哥本哈根等地中轉。

里加機場詢問：+371 66 2931 1817著名景點

里加歷史中心

開放時間：全天開放

里加市

里加歷史中心 Historic Center of Riga

立陶宛共和國

簽證與辦事處

立陶宛共和國駐華大使館

地　　址：北京市朝陽區霄雲路18號

京潤水上花園A-18

電　話：010-84518520

傳　真：010-65906507

電子郵箱：amb.cn@urm.lt簽證申請須知

根據雙邊協定，中國內地居民持外交、公務護照可
免簽入境立陶宛，持公務普通或因私普通護照者入
境前需辦妥簽證。持香港或澳門特區護照者可免簽
入境立陶宛並停留90天。

立陶宛是申根協議國家，簽證分為機場過境簽證（A）、短期簽證
（C）和長期簽證（D）三個類別。

C類簽證（明確國別限制的除外）為申根簽證，D
類簽證為立陶宛國別簽證。

交通情況

立陶宛首都維爾紐斯與布魯塞爾、維也納、法蘭克福、柏林、哥
本哈根、莫斯科、赫爾辛基、布拉格、華沙、里加等歐洲城市有定期
直達航班。與中國無直航，多經莫斯科、赫爾辛基、法蘭克福、哥本
哈根、維也納等歐洲城市轉機往返。立陶宛國內有維爾紐斯、考納

斯、帕蘭加3個國際機場，維爾紐斯國際機場距市中心5公里，市區有
多條公交線路通往機場。

維爾紐斯機場：www.vilnius-airport.lt/en/著名景點

十字架山

開放時間：全天開放

希奧利艾以北12公里處

+370 41 370 860

www.kryziukalnas.lt/

十字架山 Hill of Crosses

羅馬尼亞

簽證與辦事處

羅馬尼亞駐華大使館

地　　址：北京市朝陽區日壇路東二街2號

電　話：010-65323442 / 65323879（中文秘書）

010-65323879（領事）

傳　真：010-65325728

網　址：http：//beijing.mae.ro

電子郵箱：beijing@mae.ro簽證申請須知

簽證種類：根據外國人赴羅馬尼亞停留目的不同，羅馬尼亞簽證分為以下種類：機場過境簽證A字、過境簽證B字、短期逗留簽證C字、長期居留簽證D字。

根據中羅雙邊協定，中國公民持外交、公務護照者，在羅馬尼亞境內停留期不超過30天，免辦簽證。

持香港、澳門特別行政區護照者，在羅馬尼亞境內停留不超過90天，免辦簽證。持其他種類護照者，須辦理簽證，且不能辦理落地簽證。

自2014年2月1起，羅政府對持申根簽證的外國公民來羅提供簽證便利。滿足下列條件的外國公民可免簽入羅：

1. 持有效旅行證件。

2. 持兩次或多次入境有效申根簽證，或持有申根國家有效居留證件。

3. 來羅免簽停留期為180天內累計不超過90天，且在羅停留期不得超過持有的申根簽證或申根居留證停留期限。

可否免簽入羅的最終解釋權在羅邊防部門。

交通情況

羅共有5個國際機場，已開闢連接首都和歐洲大多數國家的航線。首都布加勒斯特有兩個機場，一個是Henri Coanda國際機場，主要提供國際航班服務。另一個為Baneasa機場，主要服務於國內航線。中羅兩國尚無直航，須經維也納、莫斯科、阿姆斯特丹、羅馬、蘇黎世、巴黎、法蘭克福等歐洲城市轉機。羅首都國際機場距市區約15公里，乘783路公車可到達，也可乘坐計程車。

Henri Coanda國際機場詢問：+40 21 204 1000著名景點

黑教堂

開放時間：週二至週六10：00—19：00，週日

12：00—19：00，週一休息。

布拉索夫市

www.honterusgemeinde.ro/

黑教堂Black Church

保加利亞共和國

簽證與辦事處

保加利亞共和國駐華大使館

地　　址：北京市朝陽區建國門外秀水北街4號電　話：010-65321916 / 65321946

傳　真：010-65324502

電子郵箱：bgembassybeijing@gmail.com簽證申請須知

中國公民持外交、公務護照，香港、澳門特別行政區護照在保加利亞入境、出境或者過境，免辦簽證，自入境之日起每6個月內可免簽停留總計不超過90日。

持其他種類護照，須在保駐華使領館辦理保加利亞簽證。保加利亞簽證種類分為過境簽證、短期簽證和長期簽證。持短期簽證入境，逗留期不得延長或改簽長期，需出境後重新申請。

持有效申根簽證或申根國家頒發的居留許可的人員可免簽入境保加利亞，但受限於上述簽證或居留許可有效期內準許的停留期和入境次數，每6個月內可在保停留不超過90天。

交通情況

保與主要歐洲國家及部分亞洲、非洲國家通航，目前尚未與中國通直航，可經莫斯科、維也納、法蘭克福、巴黎等地轉機往返。保現有索菲亞、布林加斯、瓦爾納等3個主要機場。聯繫方式：

索菲亞機場：航班資訊 +359 2 937 2211

布林加斯機場：航班資訊+359 5 687 0248

瓦爾納機場：航班資訊+359 5 257 3323

保加利亞航空公司（Bulgaria Air）可直飛28個歐洲和周邊其他主要城市，與歐洲各大航空公司均有合作。

訂票和資訊中心：+359 2 402 0400著名景點

博雅納教堂

開放時間：4—10月 9：30—17：30，11—3月 9：00—17：00。

索菲亞市南約8公里處

+359 2 959 0939/959 2963

www.boyanachurch.org/

博雅納教堂 Boyana Church

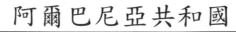

阿爾巴尼亞共和國

簽證與辦事處

阿爾巴尼亞共和國駐華大使館

地　　址：北京市朝陽區光華路28號

電　話：010-65321120

傳　真：010-65325451

電子郵箱：embassy.beijing@mfa.gov.al簽證申請須知

　　目前，中國內地居民持外交、公務護照、公務普通護照可免簽進入阿爾巴尼亞。持因私普通護照的中國公民赴阿前需辦妥簽證，若其擁有有效的申根區多次C、D類簽證，則可免簽進入阿爾巴尼亞，但申根簽證須已經啟動。持香港特區護照者可免簽進入阿爾巴尼亞，持澳門特區護照者入境阿爾巴尼亞需辦理簽證。

交通情況

阿爾巴尼亞全國唯一的國際機場為地拉那特蕾莎修女機場，距市中心約25公里，可驅車往返；與中國尚未建立直航，需透過奧地利、土耳其等國中轉。阿境內交通以公路為主。

塞爾維亞共和國

簽證與辦事處

塞爾維亞共和國駐華大使館

地　　址：北京市朝陽區三里屯東六街1號

電　　話：010-65323516/65321693/65325413 65321562

傳　　真：010-65321207

網　　址：www.beijing.mfa.gov.rs

電子郵箱：embserbia@embserbia.cn

簽證申請須知

1. 中國公民持外交、公務、公務普通護照，香港或澳門特別行政區護照可免簽赴塞爾維亞。

2. 簽證申請可向塞爾維亞共和國駐華使館或駐上海總領事館申請（應在領區內申辦）。

3. 簽證申請材料可自送，也可郵寄，審核時間通**常需要三個多星期**。

4. 簽證種類：

1）短期停留簽證（C類）：短期停留簽證主要發給旅遊、商務及其他旅行需要，包括一次、二次或多次進入塞的簽證。外國人持短期訪問簽證，自第一次進入塞爾維亞共和國的6個月內，一次不間斷停留或累計停留期限，不應超過90天。持一年多次入境的短期訪問簽證，最長停留180天。2）過境簽證（B類）。3）臨時居留簽證（D類）。

5. 中國公民申請簽證時不需支付任何費用。

6. 申請人若不能到使館領取護照，應與使館聯繫，使館將通知DHL將護照寄給申請人，郵寄費用由申請人支付。

7. 使領館不接受材料不全的簽證申請，接到不齊全的材料後，使領館將退給申請人並由申請人負擔郵寄費用。

8. 填寫申請表格時，請列印並註明所有需要填寫的資訊，包括在居住地的完整住址（不接受郵政信箱號碼）以及電話號碼。

9. 更多資訊可聯繫使館或上海總領館。

交通情況

塞爾維亞有5個機場。尼柯拉•泰斯拉國際機場是全國唯一的國際機場，坐落於貝爾格勒市西郊12公里處，也是南斯拉夫航空公司的基地。從尼柯拉•泰斯拉機場可直達歐洲各國的主要城市，但目前還沒有直達其他大洲的航班。亞洲的旅客赴塞一般需經維也納、莫斯科、巴黎等其他國際城市中轉。 往返機場主要方式：租車，搭乘計程車或乘72路公共汽車到市區zelenivenac公交站換乘。

機場詢問：+381 11 209 4444

塞爾維亞航空訂票：+381 11 311 2123著名景點

卡萊梅格丹城堡
開放時間：11：00–19：00

薩瓦河和多瑙河匯流處

+381 11 262 0685

www.beogradskatvrdjava.co.rs

聖薩瓦大教堂

開放時間：全天開放

貝爾格勒市弗拉查爾自治市高原

+381 11 243 2585

www.hramsvetogsave.com

卡萊梅格丹城堡 Kalemegdan Fortress

聖薩瓦大教堂 Cathedral of Saint Sava

黑山

簽證與辦事處

黑山駐華大使館

地　　址：北京朝陽區三里屯外交公寓3號樓1單元12號

電　話：010-65327661/65327610

傳　真：010-65327662

電子郵箱：embmontenegro@yahoo.com簽證申請須知

根據中黑兩國協定，持中國有效外交、公務護照者免辦簽證。持
公務普通護照者（自2013年3月1日起執行）和因私普通護照者須事先

向黑山駐華使館申辦簽證。不能辦理落地簽。持公務普通和因私普通護照前往黑山可申辦簽證種類：機場過境簽證（A）、過境簽證（B）、短期居留簽證（C）、長期居留簽證（D）。申請簽證時，需提供如下材料：有效護照、1張小2吋照片、邀請信或擔保函、旅館訂單、銀行存款證明、往返機票、健康保險、交付領事稅費證明、其他申請簽證的有關證明。

交通情況

黑山現有2個機場，分別是波德戈裡察機場和蒂瓦特機場。首都波德戈裡察與莫斯科、維也納、法蘭克福、巴黎、羅馬等有定期航班。與中國無直達航班。往返波德戈裡察機場可乘坐大巴或計程車，從機場至市中心約需15分鐘車程，交通便利。蒂瓦特機場主要供包機起降，一般在夏季旅遊高峰期間啟用。

波德戈裡察機場：+382 20 444 244

www.montenegroairports.com/

波士尼亞和黑塞哥維那

簽證與辦事處

波士尼亞和黑塞哥維那駐華大使館

地　　址：北京市朝陽區亮馬河南路14號塔園外交人員辦公樓1單元5樓1號

電　話：010-65326587/65320185

傳　真：010-65326418

電子郵箱：info@bhembassychina.com簽證申請須知

根據中波兩國協定，持外交護照、公務護照和公務普通護照的中國公民進入波黑免辦簽證。

根據波黑政府的決定，持香港特區或澳門特區護照人員可免簽進入波黑，最長可停留90天。持有效申根多次簽證、歐盟成員國多次簽證，申根國家或歐盟成員國有效居留的中國公民，可在證件有效期內直接透過申根國家或歐盟成員國入境波黑，每次停留不超過7天。

根據波黑相關法律規定，波黑簽證分為機場過境簽證（Ａ）、過境簽證（Ｂ）、短期簽證（Ｃ）和長期簽證（Ｄ）。Ａ、Ｂ、Ｃ類簽證為有效期半年以下、停留期90天以下的短期簽證；Ｄ類簽證為有效期一年以下、停留期180天以下的長期簽證。

交通情況中國到波黑無直達航班。赴波黑可經伊斯坦布爾、維也納、法蘭克福、布達佩斯或慕尼克中轉到達。波

黑有4個國際機場，分別位於塞拉耶佛、巴尼亞盧卡、圖茲拉和莫斯塔爾。其中，塞拉耶佛國際機場與歐洲

主要城市巴黎、維也納、慕尼克、伊斯坦布爾等有直航。往返塞拉耶佛國際機場的交通方式為計程車。

塞拉耶佛機場詳情可查詢網站www.sarajevo

airport.ba或詢電+387 33 289 100。

　　波黑有一家國營航空公司，即波黑航空公司，開通數條赴歐洲主要城市航線，詳情請查詢：
www.bhairlines.ba。

克羅地亞共和國

簽證與辦事處

克羅地亞共和國駐華大使館

地　　址：北京市朝陽區建國門外大街9號院齊家園外交公寓別墅5-2

電　話：010-65326241/65326256

傳　真：010-65326257

網　址：http：//cn.mvep.hr/cn/

電子郵箱：croemb.beijing@mvpei.hr簽證申請須知

　　中國公民持外交、公務護照入境克羅地亞免辦簽證，持其他種類護照赴克須提前辦妥簽證。克駐其他國家使館一般不受理中國公民簽證申請。克目前尚未加入申根區，持1次申根簽證從申根國家入境克將無法返回申根區。克羅地亞簽證根據到克旅行目的，可分為入出境、過境、入境、商務簽證。一般情況下不受理外國公民落地簽證。

　　具體簽證要求與手續，可參照克駐華使館網站或諮詢克駐華使

館。

交通情況

克羅地亞境內有8個國際機場，其中主要機場是札格雷布普萊索機場。從中國赴克無直達航線，可經維也納、巴黎、法蘭克福、慕尼克、莫斯科和布達佩斯等地轉機。普萊索機場網址：www.zagreb-airport.hr/

從札格雷布市中心到機場約20公里，主要交通工具為計程車和機場大巴（使用計程車需撥打970電話預約，說明上車地點等，一般5分鐘左右車輛可到達上車地點。目前機場大巴早7點至晚8點每半小時發一班車前往札格雷布市公交總站，晚8點至早7點每落地一架飛機發一班車），計程車費用較高。

著名景點：杜布羅夫尼克城牆

開放時間：4月、5月、8月、9月 08：00—18：30，

6月、7月 08：00—19：30，

10月08：00—16：00，

11月—次年3月09：00—15：00。

杜布羅夫尼克市老城

+385 20 638 800 / 638 801 / 638 802

www.citywallsdubrovnik.hr

杜布羅夫尼克城牆 Walls of Dubrovnik

斯洛文尼亞共和國

●

簽證與辦事處

斯洛文尼亞共和國駐華大使館

地　　址：北京市朝陽區霄雲路18號

京潤水上花園別墅雅趣園F區57號

電　話：010-64681154

傳　真：010-64681040

網　址：http：//peking.veleposlanistvo.si/

電子郵箱：sloembassy.beijing@gov.si

ℹ️

簽證申請須知

斯洛文尼亞於2007年底加入申根協議，持有其他申根協議國有效居留許可、在斯境內停留不超過90

天的人員，免辦簽證。持其他申根協議國家簽發的入境、過境等短期申根簽證，可在簽證有效期和停留期內入境斯。中國公民持外交或公務護照，且入境後停留不超過90天，免簽證入境斯洛文尼亞。

簽證種類：A類機場過境簽、B類過境簽證、C類短期簽證、D類長期簽證。具體事宜可諮詢斯洛文尼亞駐華使領館或登錄斯洛文尼亞外交部網站。

●

交通情況

✈

盧布亞納約熱•普奇尼克機場是斯唯一國際機場，同歐洲十幾個國家有固定航線。其位於盧布爾

雅那城市西北方向26公里，臨近波爾尼克。

+386 1 4202 1220 / 4206 1981 / 4206 1000

在斯洛文尼亞第二大城市馬裏博爾和海濱城市「玫瑰港」（PORTOROSE）另有兩個國內機場。斯與中國無直達航班，可在歐洲主要城市中轉到達。

著名景點

布萊德城堡

開放時間：11月—次年3月8：00—18：00，

4月1日—6月14日8：00—20：00，

6月15日—9月15日8：00—21：00，

9月16日—10月31日8：00—20：00。

布萊德市布萊德湖中心

+386 4 572 9770

www.blejski-grad.si

布萊德城堡Bled Castle

馬其頓共和國

簽證與辦事處

馬其頓共和國駐華大使館

地　　址：北京市朝陽區三里屯外交公寓3-2-21

電　話：010-65327846

傳　真：010-65327847

網　址：www.mfa.gov.mk/beijing

電子郵箱：beijing@mfa.gov.mk

簽證申請須知

1. 持普通護照中國公民須在入境前向馬駐華使館申辦簽證。

2. 對於未持馬簽證的第三國公民，持統一有效的C類多次申根簽證且簽證有效期比在馬預計停留期超出5天以上，同時持合法有效旅行證件，提供旅行目的相關檔和保險，未被馬列入禁止入境名單且不危害馬公共秩序、公共衛生、國家安全和國際關係，可免辦簽證入境，但每次停留時間不能超過15天，6個月內入境總停留時間不能超過3個月（此規定將在馬加入歐盟後廢止）。

3. 必須購買涵蓋整個旅行期間的意外傷害醫療保險，其中醫療、醫療救援保額至少3萬歐元。

4. 申請人須本人遞交簽證申請。

5. 如被拒簽，不退簽證費，但可以申訴。

交通情況

馬其頓境內有斯高彼亞和奧赫里德2個國際機場，每週都有航班飛歐洲各主要大城市。自2011年開始，歐洲多家航空公司增開馬其頓境內至歐、亞、美洲的航線。馬其頓與中國暫無直達航班，往來須中轉，比如經維也納或伊斯坦布爾等前往。到斯高彼亞機場主要透過自駕車或乘計程車，也有公共汽車。

斯高彼亞亞歷山大機場：+389 2 314 8333/314 8300

奧赫里德機場：+389 46 252 842

著名景點

卡列城堡

開放時間：週一至週五 08：00—19：00，週六、周日 09：00—17：00。

斯高彼亞市瓦爾達爾河左岸

+389 2 311 6854

卡列城堡Kale Castle

世界遺產名錄

俄羅斯聯邦

- 聖彼德堡歷史中心及其相關古蹟群（1990）
- 基日島的木結構教堂（1990）
- 莫斯科克里姆林宮和紅場（1990）
- 弗拉基米爾和蘇茲達爾歷史遺蹟（1992）
- 索洛維茨基群島的歷史建築群（1992）
- 諾夫哥羅德及其周圍的歷史古蹟（1992）
- 謝爾吉聖三一大修道院（1993）
- 柯洛緬斯克的耶穌升天教堂（1994）
- 科米原始森林（1995）
- 貝加爾湖（1996）
- 勘察加火山（1996‧2001）
- 金山—阿爾泰山（1998）
- 西高加索山（1999）
- 喀山克里姆林宮（2000）
- 庫爾斯沙嘴（2000）
- 費拉邦多夫修道院遺址群（2000）
- 中斯霍特特阿蘭山脈（2001）

- 烏布蘇盆地（2003）

- 德爾本特城堡、古城及要塞（2003）

- 新聖女修道院（2004）

- 弗蘭格爾島自然保護區（2004）

- 斯特魯維地理探測弧線（2005）

- 雅羅斯拉夫爾城的歷史中心（2005）

- 普托拉納高原 (2010)

- 勒那河柱狀巖自然公園（2012）

- 博爾格爾的歷史建築及考古遺址（2014）

蒙古國

- 烏布蘇盆地（2003）

- 鄂爾渾峽谷文化景觀（2004）

- 阿爾泰山脈巖畫群（2011）

- 布林罕和樂敦聖山及其周圍景觀（2015）

大韓民國

- 宗廟（1995）

- 海印寺及八萬大藏經藏經處（1995）

- 石窟庵和佛國寺（1995）

- 華松古堡（1997）

- 昌德宮建築群（1997）

- 慶州歷史區（2000）

- 高昌、華森和江華的史前墓遺址（2000）

- 濟州火山島和熔巖洞（2007）

- 朝鮮世宗陵寢（2009）

- 韓國歷史村落：河回村和良洞村（2010）

- 南漢山城 （2014）

- 百濟遺址區（2015）

日本國

- 姬路城（1993）

- 屋久島（1993）

- 白神山地（1993）

- 法隆寺地區的佛教古蹟（1993）

- 古京都遺址（京都、宇治和大津城）（1994）

- 白川鄉和五屹山歷史村座（1995）

- 嚴島神殿（1996）

- 廣島和平紀念公園（原爆遺址）（1996）

- 古奈良的歷史遺蹟（1998）

- 日光神殿和廟宇（1999）
- 琉球王國時期的遺蹟（2000）
- 紀伊山地的聖地與參拜道（2004）
- 知床半島（2005）
- 石見銀山遺蹟及其文化景觀（2007）
- 平泉——象徵著佛教淨土的廟宇、園林與考古遺址（2011）
- 小笠原群島‧日本（2011）
- 富士山‧ 神聖的地方和藝術靈感的源泉（2013）
- 富岡制絲廠和絲綢產業遺產群 （2014）
- 明治工業革命遺蹟 ：鋼鐵、造船和煤礦（2015）

哈薩克共和國

- 霍賈‧艾哈邁德‧亞薩維陵墓（2003）
- 薩爾亞爾卡—哈薩克北部的草原和湖（2008）
- 絲綢之路起始段天山廊道路 （2014）
- 泰姆格里考古景觀巖刻（2004）

吉爾吉斯斯坦共和國

- 蘇萊曼—圖聖山（2009）

■ 絲綢之路起始段天山廊道路（2014）

塔吉克斯坦共和國

■ 薩拉子目古城的原型城市遺址（2010）
■ 塔吉克國家公園（2013）

烏茲別克斯坦共和國

■ 伊欽·卡拉內城（1990）
■ 布哈拉歷史中心（1993）
■ 沙赫利蘇伯茲歷史中心（2000）
■ 處在文化十字路口的撒馬爾罕城（2001）

土庫曼斯坦

■ 梅爾夫歷史與文化公園（1999）
■ 庫尼亞—烏爾根奇（2005）
■ 尼莎帕提亞要塞（2007）

阿塞拜疆共和國

- 城牆圍繞的巴庫城及其希爾凡王宮和少女塔（2000）
- 戈布斯坦巖石藝術文化景觀（2007）

亞美尼亞共和國

- 哈格派特修道院和沙那欣修道院（1996‧2000）
- 埃奇米河津教堂與茲瓦爾特諾茨考古遺（2000）
- 格加爾德修道院和上阿紮特山谷（2000）

格魯吉亞

- 姆茨赫塔古城（1994）
- 巴格拉特大教堂及格拉特修道院（1994）
- 上斯瓦涅季（1996）

烏克蘭

- 基輔：聖索菲亞教堂和佩喬爾斯克修道院
（1990）

- 裡沃夫歷史中心（1998）
- 斯特魯維地理探測弧線（2005）
- 德國古山毛櫸林（2007‧2011）
- 布科維納與達爾馬提亞的城市民居（2011）
- 泰瑞克丘桑內斯古城及喬拉鎮（2013）
- 波蘭和烏克蘭的喀爾巴阡地區木質教堂（2013）

白俄羅斯共和國

- 比亞沃維耶紮原始森林（1979‧1992‧2014）
- 米爾城堡群（2000）
- 斯特魯維地理探測弧線（2005）
- 涅斯維日的拉濟維烏家族城堡建築群（2005）

莫爾達瓦共和國

- 斯特魯維地理探測弧線（2005）

波蘭共和國

- 克拉科夫歷史中心（1978）

- 維利奇卡和博赫尼亞皇家鹽礦
  （1978‧2008‧2013）
- 比亞沃維耶紮原始森林（1979‧1992‧2014）
- 中世紀古鎮托倫（1997）
- 前納粹德國奧斯維辛—比克瑙集中營
  （1940—1945 年）（1979）
- 華沙歷史中心（1980）
- 紮莫希奇古城（1992）
- 瑪律堡的條頓騎士團城堡（1997）
- 卡瓦利澤布日多夫斯津：自成一家的建築景觀朝聖園（1999）
- 紮沃爾和思維得尼加的和平教堂（2001）
- 南部小波蘭木製教堂（2003）
- 穆斯考爾公園（2004）
- 弗羅茨瓦夫百年廳（2006）
- 波蘭和烏克蘭的喀爾巴阡地區木質教堂（2013）

捷克共和國

- 克魯姆洛夫歷史中心（1992）
- 泰爾奇歷史中心（1992）
- 布拉格歷史中心（1992）

■ 澤萊納山的內波穆克聖約翰朝聖教堂（1994）

■ 萊德尼采—瓦爾季采文化景觀（1996）

■ 霍拉索維采古村保護區（1998）

■ 克羅麥裡茲花園和城堡（1998）

■ 利托米什爾城堡（1999）

■ 奧洛穆茨三位一體聖柱（2000）

■ 布爾諾的圖根哈特別墅（2001）

■ 庫特納霍拉歷史名城中心的聖巴拉巴教堂及塞德萊茨的聖母瑪利亞大教堂（1995）

■ 特熱比奇猶太社區及聖普羅科皮烏斯大教堂

（2003）

斯洛伐克共和國

■ 勒沃卡、斯皮思城堡及相關文化古蹟

（1993．2009）

■ 伏爾考林耐克（1993）

■ 歷史名城班斯卡—什佳夫尼察及其工程建築區

（1993）

■ 阿格泰列克洞穴和斯洛伐克喀斯特地貌

（1995．2000）

■ 巴爾代約夫鎮保護區（2000）

■ 德國古山毛櫸林（2007 · 2011）

■ 喀爾巴阡山區斯洛伐克部分的木教堂群（2008）

匈牙利

■ 霍洛克古村落及其周邊（1987）

■ 布達佩斯（多瑙河兩岸、布達城堡區和安德拉什大街）
（1987 · 2002）

■ 阿格泰列克洞穴和斯洛伐克喀斯特地貌

（1995 · 2000）

■ 潘諾恩哈爾姆千年修道院及其自然環境（1996）

■ 霍爾托巴吉國家公園（1999）

■ 佩奇的早期基督教陵墓（2000）

■ 新錫德爾湖與費爾特湖地區文化景觀（2001）

■ 托卡伊葡萄酒產地歷史文化景觀（2002）

愛沙尼亞共和國

■ 塔林歷史中心（老城）（1997）

■ 斯特魯維地理探測弧線（2005）

拉脫維亞共和國

- 里加歷史中心（1997）
- 斯特魯維地理探測弧線（2005）

立陶宛共和國

- 維爾紐斯歷史中心（1994）
- 庫爾斯沙嘴（2000）
- 克拿維考古遺址（克拿維文化保護區）（2004）
- 斯特魯維地理探測弧線（2005）

羅馬尼亞

- 多瑙河三角洲（1991）
- 特蘭西瓦尼亞村落及其設防的教堂（1993‧1999）
- 蘇切維察修道院的復活教堂（1993‧2010）
- 霍雷祖修道院（1993）
- 奧拉斯迪山的達亞恩城堡（1999）
- 錫吉什瓦拉歷史中心（1999）

■ 馬拉暮萊斯的木結構教堂（1999）

保加利亞共和國

■ 伊凡諾沃巖洞教堂（1979）

■ 博雅納教堂（1979）

■ 卡贊利克的色雷斯古墓（1979）

■ 馬達臘騎士崖雕（1979）

■ 斯雷伯爾納自然保護區（1983）

■ 內塞巴爾古城（1983）

■ 裏拉修道院（1983）

■ 皮林國家公園（1983．2010）

■ 斯韋什塔裏的色雷斯人墓（1985）

阿爾巴尼亞共和國

■ 布特林特（1992．1999）

■ 培拉特和吉諾卡斯特歷史中心（2005．2008）

塞爾維亞共和國

- 斯塔裏斯和索潑查尼修道院（1979）
- 斯圖德尼察修道院（1986）
- 科索沃中世紀古蹟（2004‧2006）
- 賈姆濟格勒—羅慕利亞納的加萊裡烏斯宮（2007）

黑山

- 科托爾自然保護區和文化歷史區（1979）
- 杜米托爾國家公園（1980‧2005）

波士尼亞和黑塞哥維那

- 莫斯塔爾舊城和舊橋地區（2005）
- 邁赫邁德•巴什•索柯洛維奇的古橋（2007）

克羅地亞共和國

- 斯普利特古建築群及戴克里先宮殿（1979）
- 杜布羅夫尼克古城（1979‧1994）
- 布里特威斯湖國家公園（1979‧2000）
- 波雷奇歷史中心的尤弗拉西蘇斯大教堂建築群（1997）

- 歷史名城特羅吉爾（1997）
- 西貝尼克的聖詹姆斯大教堂（2000）
- 史塔瑞格雷德（2008）

斯洛文尼亞共和國

- 水銀的遺產 ：阿爾馬登和伊德裏亞
- 斯科契揚溶洞（1986）
- 阿爾卑斯地區史前湖岸木樁建築（2011）

馬其頓共和國

- 奧赫里德地區文化歷史遺蹟及其自然景觀（1979．1980）

∷本書中所涉及的人口資料來源於世界人口時鐘，統計時間為2016年6月18日。

∷《世界遺產名錄》中的資訊截止至2015年。

後 記

　　西漢建元三年（前138年），張騫接受漢武帝使命，率領百餘人出使西域。十餘年後，張騫將西域各國位置、物產、人口、城市等資訊帶回長安——中國和內陸歐亞的直接交往由此正式開啟，而張騫及其後繼者開拓的這條中西交往主幹道，被後世學者冠以「絲綢之路」的美名。

　　「絲綢之路」以長安為起點穿越大漠戈壁抵達大秦，透過這條商道，中國的絲綢、瓷器等源源不斷地運往西域，並換回玉石、香料和名貴藥材，極大豐富了古代中國人民的物質生活。此外，佛教、伊斯蘭教、基督教相繼透過絲路傳入中國，內陸歐亞國家也持續為中國文化藝術的發展注入鮮活養分。

　　包括俄羅斯在內東北亞諸國均有發達的文化傳統，在今天的世界藝術舞臺上亦具有重要地位；中亞是古代文明的重要走廊，斯基泰人、粟特人、突厥人曾在這裡的草原和綠洲譜寫了輝煌的歷史篇章，撒馬爾罕、布哈拉等古城就是絲路繁榮的明證；烏克蘭等東歐三國，阿塞拜疆等高加索三國，在歷史上曾深受俄羅斯文化影響，但不同的地理環境和民族心理，又使這些國家誕生出別具一格的文化藝術；中東歐十六國介於俄羅斯和西歐之間，大多歷史曲折，卻依舊不屈不撓地發展本土民族文化，曾湧現出大批文化巨匠，在走獨立自主道路的今天，其文化更顯多元。

　　從中國的西北邊疆邁出國門，一路向西，經中亞、西亞，直到東歐、中歐，遠隔萬裏，其間的名山大川、沙漠荒原，都阻礙不了沿途各國人民的友好往來。

馬文寬　中國社會科學院考古所 研究員

一帶一路 文化之旅 陸上明珠

作者：劉承萱、遲雲

發行人：黃振庭

出版者 ：崧博出版事業有限公司

發行者 ：崧燁文化事業有限公司

E-mail：sonbookservice@gmail.com

粉絲頁

地址：台北市中正區重慶南路一段六十一號八樓 815 室

8F.-815, No.61, Sec. 1, Chongqing S. Rd., Zhongzheng
Dist., Taipei City 100, Taiwan (R.O.C.)

電　話：(02)2370-3310 傳　真：(02) 2370-3210

總經銷：紅螞蟻圖書有限公司

地址：台北市內湖區舊宗路二段 121 巷 19 號

電話：02-2795-3656　　傳真：02-2795-4100　網址：

印　刷 ：凱林彩印股份有限公司

定價：600 元

發行日期：2018 年 4 月第一版